"我是小小集邮家"丛书

认识邮票中的古今人物 1

谢宇 主编

花山文艺出版社

河北·石家庄

图书在版编目（CIP）数据

认识邮票中的古今人物.1/ 谢宇主编. -- 石家庄
: 花山文艺出版社，2013.6（2022.3重印）
　　（我是小小集邮家丛书）
　　ISBN 978-7-5511-1065-5

　　Ⅰ．①认… Ⅱ．①谢… Ⅲ．①邮票－中国－图集②人
物－介绍－世界－青年读物 Ⅳ．①G894.1②K811-49

中国版本图书馆CIP数据核字(2013)第128549号

丛　书　名："我是小小集邮家"丛书
书　　　名：认识邮票中的古今人物 1
主　　　编：谢 宇
责任编辑：李倩迪
封面设计：慧敏书装
美术编辑：胡彤亮
出版发行：花山文艺出版社（邮政编码：050061）
　　　　　（河北省石家庄市友谊北大街 330号）
销售热线：0311-88643221
传　　真：0311-88643234
印　　刷：北京一鑫印务有限责任公司
经　　销：新华书店
开　　本：880×1230　1/16
印　　张：9.5
字　　数：160千字
版　　次：2013年7月第1版
　　　　　2022年3月第2次印刷
书　　号：ISBN 978-7-5511-1065-5
定　　价：38.00元

"我是小小集邮家"丛书

分册书名

1. 认识邮票中的建筑艺术
2. 认识邮票中的军事故事
3. 认识邮票中的体育竞技
4. 认识邮票中的文学与生肖故事
5. 认识邮票中的植物世界
6. 认识邮票中的动物世界
7. 认识邮票中的名胜古迹（1、2）
8. 认识邮票中的社会建设成就（1、2）
9. 认识邮票中的艺术世界（1、2）
10. 认识邮票中的民俗与节日（1、2、3）
11. 认识邮票中的古今人物（1、2、3）

编 委 会

前　言

　　新中国的邮票从1949年开始发行，基本都以建筑、自然风光、动植物为图案，其种类主要有普通邮票、纪念邮票、特种邮票等。纪念邮票是从1949年10月8日开始发行，新中国的纪念邮票多以重大的政治事件、庆典和节日为内容，对一些革命人物、文化名人以及重要的国际活动也发行过纪念邮票；特种邮票的题材非常广泛，包括了经济、社会建设、文化艺术、珍禽异兽、奇花异草、山水风光等。

　　"我是小小集邮家"丛书收录了从中华人民共和国成立到2010年，新中国所发行的各类邮票品种，以全新的分类方式，全方位展现给广大读者朋友，并依照邮票的志号（及时间先后）顺序，系统介绍了从1949年到2010年我国发行的每套邮票的时代背景、每一枚邮票的图案内容及主题和所涉及的相关知识、对邮票图案艺术设计特点的研究和鉴赏等。内容分为：风景名胜类、建筑类、人物类、动物类、植物类、艺术类、文学类、体育类、军事类等。全书对各类邮票采用简短、浅显易懂的文字进行介绍，通过图文混排的形式把它们全方位、多角度地展现在读者面前，使读者更加深刻地了解中国邮票艺术的发展历程、时代特征及收藏价值。

　　丛书在邮票发行背景的介绍中，力求真实、客观，以历史的本来面目记述事件与人物的真相。同样，邮票图案的设计也不是随心所欲的，它要与立题密切配合，相互依衬、相互烘托。因此，丛书在邮票图案内容的介绍中，既突出主题，又兼顾相关，使介绍的对象生动、跃然。全书语言生动，文笔优美，图片清晰，具有较高的趣味性和较强的可读性，是广大集邮爱好者学习集邮、鉴赏邮票必读的普及性读物。

本丛书在编写过程中，得到了国内许多集邮爱好者的关心和支持（由于人员太多，请恕我们不能一一列举），特别是天津科技翻译出版公司各级领导和各位老师的悉心指导和帮助，在本丛书即将付印之际，特向相关人员表示诚挚的谢意。需要特别声明的是：本丛书只是丛书编委会人员就新中国邮票这一领域的首次大胆尝试，真心希望本丛书能够起到抛砖引玉的作用，希望在这一领域能够不断涌现出更多、更好、更能适合读者阅读的好图书。

另外，由于编写人员知识水平有限及编写时间仓促，尽管我们尽最大努力想把每一部分内容都能够做得更完美，但还是由于各方面的原因，仍有不尽如人意之处。在这里我们热诚希望广大读者朋友就书中的错谬之处大胆批评指正。读者交流邮箱：228424497@qq.com。

丛书编委会
2013年3月

目　录

鲁迅逝世十五周年

发行日期：1951.10.19

2-1

2-2

2-1（再版）

2-2（再版）

（纪11）

| 2-1 | （63） | 鲁迅像和诗句 | 400圆① | 200万枚 |
| 2-2 | （64） | 鲁迅像和诗句 | 800圆 | 400万枚 |

邮票规格：37 mm × 22 mm

齿孔度数：12.5度

注：①本书中建国初期邮票的面额圆均为旧币制，10000圆相当于1元。

整张枚数：（2-1）25枚、（2-2）50枚

版　别：胶版

设计者：孙传哲

印刷厂：华东税务局印刷厂（原版）、上海市印刷一厂（再版）

全套面值：1200圆

鲁迅，1881年9月25日生于浙江绍兴城南一个正在衰落中的封建士大夫家庭。原名阿张、樟寿、豫山、豫才，后又改名周树人。1898年到南京水师学堂念书。1899年转入江南陆师学堂附设的铁路矿务学堂学习。1902年4月东渡日本留学，先在东京弘文学院学习，1904年转入仙台医学专门学校学医。后又弃医从文，并立志以文学为武器，改造"国民精神"。

1906年他从仙台再次去东京，开始文学创作活动，翻译、介绍俄国、东欧和其他一些被压迫民族的文学作品，写出《人的历史》《科学史教篇》《文化偏至论》《摩罗诗力说》等文章。1909年回国，先后在杭州、绍兴教书。1912年到南京临时政府教育部，又到北平任社会教育司第一科长，后升佥事。1918年1月，他参加改革后的《新青年》杂志工作，于5月发表了第一篇划时代的白话小说《狂人日记》。在1918年至1926年间，先后创作了《坟》《彷徨》《热风》《野草》《朝花夕拾》《华盖集》《华盖集续篇》等专集，表现出爱国主义和彻底的民主主义思想特色。1920年后，他一面从事文学创作，一面在北京大学、北京师范大学任教和研究古典文学，编定了《中国小说史略》《小说旧文钞》《唐宋传奇集》等。1921年12月，发表了中篇小说《阿Q正传》，这是一部在中国现代文学史上最为杰出的文学作品之一。1926年8月，因支持学生爱国运动，被反动当局通缉，鲁迅被迫离开北京南下至厦门大学任教。1927年1月，前往广州，在中山大学任教务主任兼文学系主任。同年"四·一二"反革命政变后，他愤而辞去中山大学的一切职务，以示抗议。1927年10月到上海，从此便一直在那里从事文艺运动，开始了他一生中最为光辉的战斗历程。1930年3月2日，他参与组织和领导成立了"中国左翼作家联盟"。1931年，又和宋庆龄、杨铨等人发起组织成立了"中国民权保障同盟"，与此同时，他还参加了"中国自由运动大同盟"。在此期间，鲁迅以被称为"锐利匕

首"的杂文为武器，对国民党反动派的御用文人以及所谓"民族主义"文人、"第三种人"等，进行了针锋相对的斗争。从1927年到1935年间，他创作了《故事新编》中的大部分作品和大量的杂文，这些杂文均已收入《而已集》《三闲集》《二心集》《南腔北调集》《伪自由书》《准风月谈》《花边文学》《且介亭杂文》等书中。同时，他不顾国民党反动派造谣污蔑、通缉威胁以及查禁书刊、图书审查等手段的迫害，毅然领导和支持进步文学团体，翻译介绍外国进步文学作品和提倡版画、木刻，为中国和世界留下了宝贵的文学遗产。1936年10月19日，鲁迅因肺病在上海与世长辞，享年56岁。

巨星陨落十五载，为了纪念他，邮电部发行了这套《鲁迅逝世十五周年》纪念邮票。全套2枚，画面相同，均为鲁迅半身画像及诗句："横眉冷对千夫指，俯首甘为孺子牛。"这两句话源自1932年10月12日鲁迅写给著名爱国人士柳亚子先生的一首小诗，题为《自嘲》，全文："运交华盖欲何求，未敢翻身已碰头。破帽遮颜过闹市，漏船载酒泛中流。横眉冷对千夫指，俯首甘为孺子牛。躲进小楼成一统，管他冬夏与春秋。"这首诗写在中国最为黑暗的年代，面对外部日本帝国主义的疯狂侵略和内部国民党反动派残酷压迫及文化"围剿"，鲁迅以幽然的笔调和自嘲的口吻，描述了自己深受迫害的险恶处境，抒发了顽强的斗志和乐观的豪情。这套邮票亦于1955年1月10日再版。

鲁迅作品书影

马克思诞生一三五周年纪念

发行日期：1953.5.20

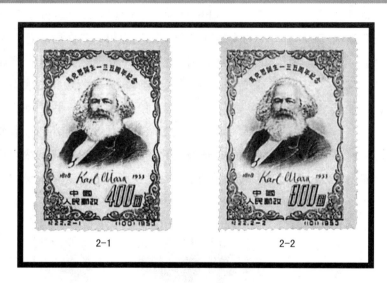

2-1   2-2

（纪22）

2-1 （100）马克思像   400圆   400万枚

2-2 （101）马克思像   800圆   600万枚

邮票规格：25 mm × 38 mm

齿孔度数：14度

整张枚数：84枚

版　别：雕刻版

设计者：孙传哲

雕刻者：刘国桐
印刷厂：北京人民印刷厂营业分厂
全套面值：1200圆

1818年5月5日，卡尔·马克思诞生于德国普鲁士莱茵省特利尔城布吕肯巷664号，他是律师亨利希·马克思和夫人罕丽达的儿子。1835年9月，他毕业于特利尔中学。10月，进入波恩大学法律系攻读法学。1836年10月移居柏林，随之转入柏林大学法律系。1839年初至1941年3月，写出博士论文《德谟克利特的自然哲学和伊壁鸠鲁的自然哲学之区别》，以此获得哲学博士学位。1841年3月30日，毕业于柏林大学后，回到特利尔。4月获耶拿大学哲学系的博士证书，7月移居波恩。1842年4月起，开始为《莱茵报》撰稿。10月15日起担任该报主编，猛烈抨击普鲁士政府的反动政策。11月马克思和恩格斯在科伦的《莱茵报》编辑部首次会面。1843年3月，他退出该编辑部，6月19日，与童年好友燕妮·冯·威斯特华伦结婚。10月迁居巴黎，在那里进行《德法年鉴》的出版事宜。1844开始参加工人运动并广泛研究社会主义理论，为巴黎的德文报纸《前进报》撰稿。1845年2月，他被驱逐出巴黎，迁往布鲁塞尔。1847年8月5日，在马克思领导下，于布鲁塞尔成立了共产主义者同盟的支部和区部。11月29日，马克思和恩格斯去伦敦参加该同盟的第二次代表大会，并接受大会委托，由他们共同拟定同盟的纲领。1848年2月，这一纲领《共产党宣言》在伦敦出版。3月，他被比利时政府驱逐，从布鲁塞尔到达巴黎。3月11日，共产主义者同盟中央委员会在巴黎成立。1849年8月，被逐出巴黎，到伦敦定居，并重新建立了共产主义者同盟中央机关。1867年9月14日，马克思的不朽巨著《资本论》第一卷出版，书中阐述了剩余价值理论，论证了资本主义社会经济运行规律，揭示了资本主义必然灭亡和共产主义必然胜利的规律。自1864年以来，马克思创立和领导国际工人协会（第一国际），指导工人运动同外部的各国反动派以及工人运动内部的蒲鲁东主义、巴枯宁主义、拉萨尔主义、工联主义等形形色色的机会主义流派进行斗争，为国际工人运动的健康发展奠定了思想理论基础。1871年3月18日，巴黎公社诞生，马克思给予热情支持。公社失败后，他在《法兰西内战》一书中，总结了巴黎公社的历史经验和教训，高度评价和赞扬无产阶级的革命精神。1875年，他发表了《哥达纲领批判》，清算了拉萨尔主义，论证了共产主义两个阶段与无产阶级专政的理论。1876年10月，创作《资本论》第二卷。1879年9月，和恩格斯共同撰写给奥·倍倍尔、威廉·李卜克内西和威廉·白拉克等人的通告信，批判德国党内的改良主义和投降主义路线。晚年，仍致力于《资本论》第三卷的手稿的修订，并不断指导工人运动。由于环境的险恶，反动政府的迫害，经济上的贫困和繁重的工作，使他的健康受到损害。1883年3月14日，马克思与世长辞，享年65岁。

作为一代伟人，马克思意志坚定，博学多才，他的德、法、英三国文字特别好，50岁时还坚持学习俄文。他读过许多文学名著，很早便与海涅相识，能背诵他的许多诗句。他尤其喜爱塞万提斯和巴尔扎克的作品。他兴趣广泛，在历史、数学、技术、军事以及自然科学的许多门类研究中，均有不少成就。他为后人留下的许多学术研究手稿，已成为人类珍贵的文化遗产，反映了他对人生的努力奋斗和孜孜追求。马克思的一生经常遭到反动政府的驱逐，使之颠沛流离，不得安宁。因此，他从没有摆脱过经济贫困的阴影，只有他的亲密战友恩格斯的无私帮助，才解了他和家人的许多燃眉之急。但马克思从未为生活的灾难所压倒，他起早贪黑，发奋工作，经常是忙到深夜，在政治和经济的双重压力下从未屈服。他不仅为全世界无产阶级留下了宝贵的革命理论，而且也为人民留下了他的信念、精神和人格。1883年3月17日，马克思安葬在伦敦的海格特公墓。恩格斯发表了墓前讲话："马克思的名字及他的事业永垂不朽！"

在马克思诞生135周年之际，邮电部发行了这套纪念邮票。两幅画面图案相同，均为马克思的正面画像及他的德文签名，展现了这位世纪伟人的风范。

世界文化名人

发行日期：1953.12.30

4-1   4-2   4-3   4-4

（纪25）

4-1	（107）中国诗人屈原	800圆	800万枚
4-2	（108）波兰天文学家哥白尼	2200圆	400万枚
4-3	（109）法国作家拉伯雷	250圆	400万枚
4-4	（110）古巴作家马蒂	400圆	400万枚

邮票规格：22 mm×33 mm

齿孔度数：14度

整张枚数：108枚

版　　别：雕刻版

设计者：孙传哲

雕刻者：孔绍惠、唐霖坤

印刷厂：北京人民印刷厂营业分厂

全套面值：3650圆

世界和平理事会在1951年维也纳会议时第一次作出决议，建议在全世界举行文化周年纪念会，希望通过纪念会使各国人民都能认识到怎样珍视和尊重其他国家的文化遗产，同时也希望因此而建立相互间的了解和友谊。理事会还确定了一个名单，建议为他们举行纪念会。在随后的几年中，在这个第一次开列的名单之外，又补充了诸多代表各个时期和各国人民的最崇高的文化和文明的人物。从1951年开始，在一些国家中每年都举行几位世界文化名人的纪念活动。1953年，世界和平理事会提出纪念的四位名人是中国的屈原、波兰的哥白尼、法国的拉伯雷和古巴的马蒂。为此，邮电部发行了这套邮票，以资纪念。

邮票解析

图4-1【中国诗人屈原】屈原（约前340～前278），名平、字原，又自称名正则，字灵均，是战国末期楚国贵族，秭归（今湖北省秭归县）人。屈原是我国战国时代一位伟大的爱国诗人和政治家。因其学识渊博，博闻强识，而为楚怀王所赏识，官至左徒、三闾大夫，参与起草国家政令和外交等工作。当时，战国七雄，秦楚争霸，屈原主张联齐抗秦，曾一度抵制了秦国的扩张。他还提出"举贤师授能""循绳墨而不颇"等富国强民的主张，使楚国日益强盛，但楚怀王终属昏庸之辈，经不起秦国的利诱威胁，受亲秦派贵族子兰、靳尚的挑拨，而对屈原逐渐疏远，并将其流放到汉水上游一带。秦昭王约楚怀王在武关（今陕西商县）相会，屈原劝他不要去，怀王不听，结果被扣，死在秦国。屈原再次提出联齐抗秦，重振国威的主张，但无人采纳。怀王之子顷襄王继位后，屈原长期被流放在沅、湘流域（今长沙洞庭湖一带），这种生活使他有机会接触下层群众，更增加了他对黑暗现实的忧愤。这是他的历史的局限性。屈原一直把国家振兴、统一天下的希望寄托在楚王身上，在公元前278年，楚国的都城郢被秦国攻破之后，他面对着"国破家亡"的局面，顿感"前途绝望"，悲痛欲绝，无法忍受，而在这年的五月五日，投入汨罗江（今湖南长沙附近）而死。至今，中国、日本以及东南亚一些国家在屈原殉难这一天，都要举行纪念活动，如龙舟竞渡及吃粽子等。作为一位伟大的爱国者，屈原一生中写过许多洋溢着爱国至诚的诗篇，他感情真挚，想象丰富，神话传

说运用得法，并且诗歌结构严谨，民歌风格浓郁。在现存的《离骚》《九歌》《天问》诗作中，都熔铸了他那爱国主义精神与追求进步的政治理想，以及遭受排斥和打击，使自己远大的政治抱负不得施展的悲愤感情。屈原的代表作《离骚》，是我国古典文学中最长的一首抒情诗，是一篇闪耀着爱国主义光辉的浪漫主义杰作。

图4-2【波兰天文学家哥白尼】尼古拉·哥白尼（1473～1543），是波兰伟大的天文学家，日心说的创立人，出生于波兰托伦城的一个商人家庭。1491年入波兰克拉科夫大学，在校期间，除研究数学和医学外，对天文学兴趣尤浓。1496年，去意大利波伦亚大学学习法律，后转入巴图亚和斐拉拉学习医学和法律，取得教会法学博士学位，但他把许多精力和时间都花费在数学和天文学的钻研上面。1499年，他应聘到罗马大学任天文学教授，边教学边研究，使他的志趣得以充分的施展和发挥。当时，中世纪的封建势力统治着欧洲，天文学把地球看作宇宙的中心，太阳、月亮和所有行星都围绕地球而转动，称为"地球中心说"。而这种观点又长期被教会当作论证教义的工具，把它与基督教的上帝创世说等同起来。哥白尼经过长期的观察和研究，认为地球只是一颗围绕太阳旋转并且能够自转的普通行星，而太阳才是宇宙的中心，这就是他提出的"太阳中心说"。哥白尼把自己30多年的研究成果写成了《天体运行论》，这部不朽的科学著作经过三次修改，于1540年定稿。全书共分6卷，第1卷总论太阳居宇宙的中心，地球和其他行星都围着太阳转；第2卷论地球的自转；第3卷论地球的公转，太阳的视运动、岁差和黄赤交角的测定；第4卷论月球的运行和日食、月食；第5、6卷论五大行星。哥白尼预料这个学说定会遭到教会势力的迫害，因此，直到1543年他病危时，才把《天体运行论》一书正式出版。同年5月24日，这位伟大的天文学家与世长辞。果不出所料，此书面世后立即遭到宗教势力的极端仇视，被列为禁书，并把坚持和推行"太阳中心说"的意大利著名思想家和科学家布鲁诺处以火刑，伽利略因信仰和宣传哥白尼的学说也遭到罗马教皇的迫害。尽管如此，哥白尼的《天体运行论》，终于冲破了宗教势力的上帝创世说，给予统治长达1300多年并受天主教会支持的勒密的天动学说以致命的打击，改变了几千年来人类的宇宙观。1822年，罗马教皇终于被迫承认了地动学说，科学战胜了神教，哥白尼的伟大正在于此。

图4-3【法国作家拉伯雷】弗朗索瓦·拉伯雷（约1494～1553）是文艺复兴时期欧洲最杰出的讽刺作家，人文主义者。他生于法国都兰省希农城近郊的一个律师

家庭，自幼天资聪颖，生性活泼。1520年，入圣芳济会修道院学习拉丁文和经院哲学。1523年，因在修道院中潜心研究古希腊罗马的文学作品并涉猎法律学问，触犯了院规而遭迫害，使他愤然离开修道院。1528年去法国中部一些城市游历，访问不少大学，使之眼界大开。1530年，进入蒙佩里埃大学学医。翌年，在里昂罗讷河圣母堂医院行医，同时从事文学创作。1533年，他跟随大主教若望·柏伯莱出使罗马，使他增长许多知识。1537年，重回蒙佩里埃大学继续学医，获得硕士、博士学位。拉伯雷前后共花费20年的时间，写成了划时代的长篇巨著《巨人传》。全书共5部，1533年出版了第1部《庞大固埃》，1534年第2部《卡冈都亚》问世，第3部和第4部分别于1546年和1548年出版，而《巨人传》最后的第5部是在他去世后才得以出版的。这部巨著以民间故事为蓝本，采用夸张手法塑造了理想君主、巨人卡冈都亚和他的儿子庞大固埃的形象。它从新兴的资产阶级立场出发，尖锐地讽刺了封建制度，揭露了教会的黑暗，批判了经院哲学及其意识形态，宣传了人文主义者对政治、教育、道德的主张，提出了"做你所愿做的事"，这是资产阶级反封建的个性解放的口号，主张培养"全知全能的人"，表达了新兴资产阶级渴求知识和开创新世界的愿望。因此，这部作品受到广泛的欢迎，但却遭到教会的反对，被巴黎最高法院判定为当时的禁书，而作者也被迫逃往国外。1553年4月9日，这位杰出的人文主义作家与世长辞，他的《巨人传》使他名副其实地成为世界文化史上的一位巨人。

图4-4【古巴作家马蒂】何塞·马蒂·依·佩雷兹（1853～1895）是古巴的民族英雄，杰出的诗人。他生于哈瓦那一个贫困的西班牙移民家庭。1865年，入哈瓦那市立男校读书。翌年，开始翻译莎士比亚的著作。毕业后升入哈瓦那高等教育学院学习。1868年，他的恩师、古巴著名诗人拉斐尔·德·门迪维以参加革命罪被捕流放。马蒂便以老师为榜样，投入了民族独立革命运动，参与创办了《自由祖国》《祖国报》等进步报刊，并发表剧本《阿希达拉》，宣传革命和独立。1870年3月4日，他被捕并服苦役。1871年，被流放西班牙。同年5月，他进入马德里中央大学法律系学习，并用诗歌号召人民同西班牙殖民者进行斗争。

1873年6月，他从萨拉戈萨大学毕业，获民法与教典的法学学士学位。1875年2月，他到达墨西哥的韦腊克鲁斯市，担任《宇宙杂志》编辑。1877年1月6日，他曾返回哈瓦那，不久又去危地马拉中央学院受聘为法、英、意、德文学教授及哲学史教授，其间，他不断撰写文章及发表演说，致力于古巴的自由和独立事业。1878年9月返回古巴，参加反对殖民者的斗争，次年9月再次被流放到西班牙。1881年，流亡到美国，开始进行革命的组织工作。从1884年起，他担任了由马塞奥和戈麦斯领导的古巴俱乐部的分支、古巴救济协会的主席。1892年，由他主持召开了各革命组织负责人会议，决定组织古巴革命党，并负责起草党纲和党章。同年4月10日，古巴革命党在美国纽约正式宣告成立，马蒂当选为古巴革命党领袖。1895年1月29日，他发出了武装起义的指令。4月11日晚，他率领十余人乘船在古巴登陆，回到阔别15年之久的祖国。5月19日，在同西班牙殖民者的战斗中壮烈牺牲，年仅42岁。马蒂为了祖国的解放和独立献出了生命，他的死激起古巴人民的更大反抗。作为古巴的民族英雄，他在文学上也有很大成就，他创作的诗集《伊斯迈利略》《纯朴的诗》《自由的诗》和诗剧《阿希达拉》等，都充满着对祖国和人民真挚的爱。

屈原雕像

乌·伊·列宁逝世三十周年纪念

发行日期：1954. 6. 30

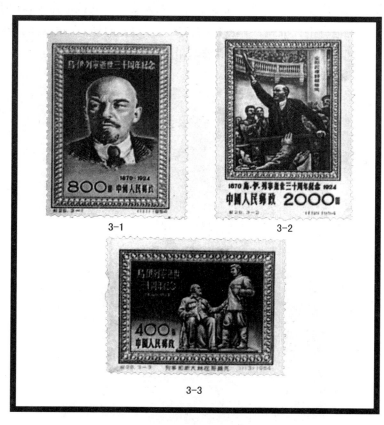

3-1

3-2

3-3

（纪26）

3-1	（111）列宁像	800圆	1000万枚
3-2	（112）全部政权归苏维埃	2000圆	600万枚

3-3（113）列宁和斯大林在哥尔克　　　400圆　　　　　500万枚

邮票规格：（3-1、3-2）25 mm×38 mm、（3-3）34 mm×25 mm

齿孔度数：14度

整张枚数：（3-1、3-2）88枚、（3-3）99枚

版　　别：雕刻版

设计者：刘硕仁

雕刻者：孔绍惠、唐霖坤

印刷厂：北京人民印刷厂营业分厂

全套面值：3200圆

知识百花园

　　弗拉基米尔·伊里奇·列宁，原姓乌里扬诺夫，列宁是他的笔名。1870年4月22日生于俄国辛比尔斯克城（今乌里扬诺夫斯克），其父是该省国民教育视察员。1887年中学毕业后，入喀山大学法律系学习，因参加革命的学生运动而被开除学籍，同时被捕，流放一年。1888年回喀山，参加马克思主义小组，并深入地研究马克思主义的著作，开始与民粹派作斗争。

　　1889年，他迁居萨马拉，建立了当地第一个马克思主义小组。1893年到彼得堡（今彼得格勒），为筹建俄国的马克思主义政党而进行大量的思想、组织工作。1894年为反对民粹派而积极活动，写出《什么是"人民之友"以及他们如何攻击社会民主主义者？》，提出了依靠无产阶级建立工农联盟和创立工人阶级政党的任务。1895年秋，在彼得堡组织"工人阶级解放斗争协会"，把那里分散的马克思主义小组联合起来。同年12月，宪兵破获了"斗争协会"，列宁被捕，监禁14个月，在狱中开始写《俄国资本主义的发展》一书。回到喀山，开始为创办《火星报》而准备，7月起程出国，开始长达5年以上的第一次侨居生活，12月24日，《火星报》第一期出版，列宁写了该期的社论。1902年3月《怎么办？》一书出版，该书批判了经济派，奠定了无产阶级革命政党的思想基础。1903年7月，在俄国社会民主工党第二次代表大会上，列宁在和孟什维克斗争中取得了重大胜利。在选举中央机关时，列宁派获得了多数，于是称为布尔什维克（多数派）。1914年8月，第一次世界大战爆发后，列宁移居瑞士。9月底，为布尔什维克党中央写了《战争和俄国社

认识邮票中的古今人物

会民主党》的宣言，指出了这次战争的帝国主义性质，提出了把帝国主义战争变为国内革命战争的口号。1915年8月，《论欧洲联邦口号》一书写成，该书第一次提出了社会主义革命可能首先在一个国家胜利的论断。1916年6月，写成《帝国主义是资本主义的最高阶段》一书，全面分析了帝国主义的本质、特征和矛盾，指出帝国主义是无产阶级社会主义革命的前夜。1917年4月3日，列宁从国外回到彼得堡，在布尔什维克大会及全俄苏维埃代表会议上作了报告，即著名的《四月提纲》，规定了从资产阶级民主革命过渡到社会主义革命的路线。

俄历10月24日夜至10月25日（公历11月7日），列宁到斯莫尔尼宫直接领导起义，十月革命取得胜利。10月26日晚在苏维埃代表大会第二次会议上，列宁当选为工农苏维埃政府的人民委员会主席，并颁布了具有重大历史意义的《和平法令》和《土地法令》。之后，列宁以全部精力投入到社会主义国家的革命和建设中去。由于列宁在帝俄时代的艰苦生活，繁重的理论工作和实际工作，以及遇刺受重伤对健康的影响，缩短了他的生命，1924年1月21日晚6时50分，列宁在莫斯科附近的哥尔克村逝世，终年54岁。

这位伟大的无产阶级革命导师的去世，使全世界劳动者陷入沉痛之中，在列宁安葬之日，国际无产阶级宣布停止一切工作5分钟，以表达对他的深切怀念和崇敬。在列宁逝世30周年之际，我国邮电部发行了这套纪念邮票，再次表达了全中国劳动人民的这种感情。

邮票解析

图3-1【列宁像】此画像突出了列宁的额头和目光，邮票画面采用深棕色，表现了革命家的威严、智慧和坚毅。

图3-2【全部政权归苏维埃】图案依据苏联画家基布里克的素描画《全部政权归苏维埃》进行设计。画面为紫红色。描绘了列宁在1917年4月俄共（布）七大所作报告时的场面。在这次著名的《四月提纲》演说中，他第一次提出了"全部政权归苏维埃"的战斗口号，指明了革命的目的、任务和方向。

图3-3【列宁和斯大林在哥尔克】图案依据苏联雕塑家B·宾朱克和P·陶利特于1947年创作的雕像《列宁和斯大林在哥尔克》进行设计。画面为靛青色。描绘了1922年列宁在莫斯科市郊的哥尔克村疗养时，与斯大林亲切交谈时的场面，表现了两位革命家诚挚的友谊以及对无产阶级革命必胜的信念。

约·维·斯大林逝世一周年纪念

发行日期：1954.10.15

3-1   3-2   3-3

（纪27）

3-1 （114）斯大林像   800圆   1000万枚

3-2 （115）斯大林像   2000圆   600万枚

3-3 （116）斯大林像   400圆   500万枚

邮票规格：（3-1）26 mm×38 mm、（3-2）44 mm×25 mm、（3-3）21 mm×46.5 mm

齿孔度数：14度

整张枚数：（3-1）80枚、（3-2）77枚、（3-3）84枚

版　　别：雕刻版
设计者：邵柏林
雕刻者：孔绍惠、李曼曾、吴彭越
印刷厂：北京人民印刷厂营业分厂
全套面值：3200圆

知识百花园

约瑟夫·维萨里昂诺维奇·斯大林，原姓茹加施维里，斯大林是他的笔名。1879年12月21日生于俄国格鲁吉亚梯比里斯州哥里城，其父是农民出身的皮鞋匠。1888年斯大林进入哥里正教小学读书。1894年入梯比里斯正教中学，即与马克思主义秘密小组建立了联系，从此开始了革命活动。1898年加入社会民主主义组织《麦撒墨达西社》，因此被开除学籍，成了职业革命家。1902年至1913年，他先后被捕7次，流放6次。1903年3月，当选为俄国社会民主工党高加索联盟委员会委员，12月流放到西伯利亚，在此收到列宁的第一封信。1904年12月，领导巴库石油工人大罢工。1905年5月，出版《略论党内意见分歧》一书。12月，在全俄布尔什维克第一次代表会议上，和列宁第一次会面。1906年6月，《新生活报》出版，第二期起连续刊登斯大林写的《无政府主义还是社会主义》的几篇论文。1910年，任党中央委员会特派员，10月被流放到索里维切果茨克，和列宁建立了联系。1912年1月，在布拉格召开的党的第六次代表会议上，缺席当选为中央委员会委员和俄国中央局委员。1913年1月，《马克思主义和民族问题》一书出版，受到列宁的高度赞扬。1917年3月，参加《真理报》编辑部工作，4月，迎接列宁从国外流亡归来。5月，当选为中央政治局委员，10月，成立以斯大林为首的领导起义的党总部，和列宁一起领导十月武装起义。

十月革命胜利后，斯大林在第一届人民委员会中担任民族事务人民委员，1919年起兼任国家监察人民委员。外国武装干涉和国内战争时期，他是全国军事委员会委员。1922年3月间，在俄共（布）第十一次代表大会后的中央全会上，根据列宁的提议，斯大林被选为中央委员会总书记。同年12月30日，他作了关于成立苏维埃社会主义共和国联盟的报告。1923年6月26日，作了关于苏联宪法的报告。列宁逝世后，斯大林作为党和国家的主要领导人，继承了列宁的遗志，捍卫了列宁的事业，取得了巨大的成就。1941年5月6日，被任命为苏联人民委员会主席。6月

30日，被任命为国防委员会主席。8月，又被任命为苏联武装力量最高总司令，领导苏联人民进行伟大的卫国战争。1943年11月27日至30日，在德黑兰与美国总统罗斯福、英国首相丘吉尔举行会议，12月1日发表三国共同对德作战等问题的宣言。1945年2月，在黑海海滨克里米亚参加苏、美、英三国首脑会议。会议讨论了最后击败德国法西斯及战后的一些问题，发表了"克里米亚声明"。5月9日，为伟大卫国战争胜利结束，向全国人民发表广播演说。同年，苏联最高苏维埃授予他最高军衔——大元帅。1946年3月，人民委员会改组为苏联部长会议，他任苏联部长会议主席。1953年3月5日，斯大林因病逝世，终年74岁。

斯大林对于中国人民的革命事业曾给予过关怀和帮助。1937年七七事变以后，苏联派遣志愿空军人员，帮助我国抗击日本侵略者。1945年8月8日，斯大林向苏联红军下达了进军中国东北的命令，苏军迅速打垮了日本关东军。新中国诞生后，对我国的国民经济恢复和建设事业，斯大林和苏联人民也曾给予过无私而慷慨的援助。

在斯大林逝世一周年之际，邮电部发行了这套纪念邮票，充分表达了中国人民对他的深切怀念和尊敬。

邮票解析

图3-1【斯大林像】邮票画面为深棕色。主图为身着戎装的斯大林半身像，表现了苏联武装部队最高司令的大元帅英姿。

图3-2【斯大林像】邮票画面为红色。主图为手握建设蓝图的斯大林画像，背景为欣欣向荣的社会主义经济建设景象，表现了斯大林率领苏联人民走向繁荣富强的目标和决心。

图3-3【斯大林像】邮票画面为靛黑色。主图为斯大林的全身大理石塑像，其神情庄重，扫视寰宇，表现了斯大林永恒和不朽的事业与精神。

工 农 兵

发行日期：1955.7.16（9-1、9-5、9-6、9-8）、 1955.11.3（9-1、9-3、9-9）、 1956.12.25（9-4、9-7）

（普8）

9-1 矿工 $\frac{1}{2}$分

9-2 机器制造业工人 1分

9-3 空军战士 2分

9-4 医务工作者 $2\frac{1}{2}$分

9-5 陆军战士 4分

9-6 冶金工人 8分

9-7 科学工作者 10分

9-8 农妇 20分

9-9 海军战士 50分

邮票规格：18 mm×20 mm

齿孔度数：14度

整张枚数：230枚

版　别：胶版

设计者：孙传哲

印刷厂：北京中国人民银行印刷厂（9-1、9-2、9-3、9-5、9-6、9-8、9-9）
中国近代印刷公司（9-4、9-7）

全套面值：0.98元

知识百花园

1955年3月1日，国家实行币制改革，发行新人民币，新、旧人民币的兑换比例为1：10000。旧币值邮票于1956年4月1日停止使用。这套邮票即是实行新币制后发行的第一套新人民币面值的普通邮票。

邮票解析

图9-1【矿工】赭石色，$\frac{1}{2}$分，主图为一位头戴矿灯，手握风镐，正在采掘的矿工形象。

图9-2【机器制造业工人】深紫色，1分，主图为一位正在机台上精心加工零件的车工形象。

图9-3【空军战士】绿色，2分。主图为一位空军飞行员的形象。

图9-4【医务工作者】孔雀蓝色，$2\frac{1}{2}$分。主图为一位正准备给患者注射的女护士形象。

图9-5【陆军战士】橄榄绿色，4分。主图为一位挎冲锋枪的陆军士兵形象。

图9-6【冶金工人】橘红色，8分。主图为一位手握钢钎，炉前操作的钢铁工人形象。

图9-7【科学工作者】紫红色，1角。主图为一位拿着玻璃试管进行实验研究的科学工作者形象。

图9-8【农妇】深蓝色，2角。主图为一位满怀丰收喜悦进行收获的农村妇女形象。

图9-9【海军战士】深灰色，5角。主图为警惕地注视着前方的水兵形象。

中国古代科学家（第一组）

发行日期：1955.8.25、1956.1.1（M）

4-1　　　　　　　　　4-2

4-3　　　　　　　　　4-4

（纪33）

（纪33 小型张）

4-1 （125）张衡像　　　8分　600万枚

4-2 （126）祖冲之像　　8分　600万枚

4-3 （127）僧一行像　　8分　600万枚

4-4 （128）李时珍像　　8分　600万枚

小型张　中国古代科学家　每枚8分

邮票规格：22 mm×38 mm

小型张规格：64 mm×90 mm，其中邮票尺寸：26.5 mm×43 mm

齿孔度数：14度、无齿（M）

整张枚数：96枚

版　　别：胶雕版、雕刻版（M）

设计者：孙传哲

雕刻者：唐霖坤

印刷厂：北京人民印刷厂营业分厂

全套面值：0.32元

小型张面值：0.10元/枚

知识百花园

为了展示我国古代科技成就，树起古代科学家的丰碑，邮电部有计划地发行《中国古代科学家》系列邮票。此为第一组，全套4枚，并发行同图小型张4枚，主图均依据我国著名画家蒋兆和创作的科学家画像进行设计。

邮票解析

图4-1【张衡像】张衡（78～139），字平子，是我国东汉时期一位伟大的科学家，无论在天文学、地震学，还是在文学方面，都有卓越的贡献。汉章帝建初三年生于南阳郡西鄂（今河南南阳）后桥镇一个官僚家庭。少年聪颖，勤奋好学，广泛涉猎《诗》《书》《礼》《易》《春秋》等儒家经典及司马相如、杨雄等文学名家的作品，使之学识日丰，视野渐阔。17岁时离家游历，访师求学，先到长安，后进入洛阳的太学。23岁时学成回乡，在南阳太守鲍德帐下任主簿。他一面从政，一面致力于文学创作，历时10年，写成5000多字的《二京赋》，讽刺京师中达官显贵们荒淫无度的奢侈生活。汉安帝永初五年（111），被任命为郎中，三年后升任尚书侍郎，不久又升任太史令，执掌天文、历法及朝廷祀典，使他有了一个从事天文历法实际研究的工作条件。张衡总结了当时的天文知识，著有天文著作《浑天仪图注》和《灵宪》。在《浑天仪图注》中，他发展和完备了西汉落下闳提出的浑天

说。在此基础上，他较正确地解释了夏天昼长夜短、冬天昼短夜长的现象，以及正确地解释了月食的成因，说明月光是日光的反照，月食是由于月球进入地影而产生的。在《灵宪》中，他明确地提出："宇之表无极，宙之端无穷"，认识到宇宙的无限性。

张衡在科学上有两个伟大的创造，一个是公元117年改制完善的观测天象的浑象，也叫浑天仪。这架仪器是用铜铸成的球体模型，在球的外面套有地平圈和子午圈两个可转动的圆圈，球面刻了赤通、黄道、南北极、二十四节气、日、月、星辰和二十八宿，以及其他天象变化示意标志。为了使它们自行转动，还特意设计了一种"滴漏"推动法，仪器中存放一个盛水器皿，通过水的正常滴漏，可以推动仪器运动，并用它来辨别时间。仪器上的日、月、星辰运动标志准确符合天象实际运动。另一个是公元132年制成测定地震的候风地动仪。它是用精铜制造的，圆径八尺，合盖隆起，外形如古代大酒樽，周围铸有8条龙，龙嘴中含有铜球，诸龙下方各有一张口蟾蜍，如果哪一方发生地震，该方龙嘴中的铜球就会落入蟾蜍之口，候风地动仪在测定实际地震中十分准确，是世界历史上第一架地震仪器。公元136年（汉顺帝永和元年），张衡被排挤出朝廷，被派到宗室河间王的封地河间国（今河北献县东南）担任相职。公元138年，又被召回朝廷任尚书，成为皇帝身边的重臣。张衡在其他科学研究方面也有许多独特的改进和创造，如测定风向的候风仪，数学方面的名著《算罔论》，机械制造方面的木制飞鸟、指南车和记里鼓车，地理方面的《地形图》等等，都在人类科学史上占有一席之地。

图4-2【祖冲之像】祖冲之（429～500），字文远，是我国南北朝杰出的数学家。祖籍范阳郡道县（今河北省涞源县），生于南朝宋国一个士大夫家庭，其祖父祖昌、父亲祖朔之，均在朝为官，掌管历法，使他儿时便有机会接触数学、天文知识。少年时代，博览群书。到了青年时期，便有了博学多才的声名。《南史》称他："稽古，有机思。"宋孝武帝时，曾派他去华林学省（当时的科研机构）学习研究科学技术，以后历任南徐（江苏镇江）刺史，娄县（江苏昆山）县令。在刘宋末年，又去建康（今南京）任"谒者仆射"。他的这些官差并没有减弱其潜心数学研究的意志。确定最精确的圆周率，是他的伟大贡献之一。公元前1世纪，我国数学家已经算出圆周率的值是3。公元23年，西汉的刘歆算出的值为3.1547。东汉的张衡算出的值是3.1662。公元263年，三国的刘徽算出的值为3.1416。在刘

徽之后，祖冲之在学习和总结前人经验的基础上，把圆周率推算到更加精确的程度，取得了极其光辉的成就。他的《缀术》一书，内容丰富，可惜后来失传了。因此，他推算圆周率的方法现在已无从查考。据《隋书·律历志》记载，他计算了圆内接正24567边形的面积，确定了π的不足近似值是3.1415926，过剩近似值是3.1415927，π的真值在这两个近似值之间。

同时，他还确定了π的两个分数形式的近似值，即约率22/7和密率355/113，其中密率精确到小数第七位，在西方直至1573年才由德国人奥托重新得到。圆周率能够准确到小数点后七位，这在当时世界上也是非常先进的，直到1000年以后，15世纪阿拉伯数学家阿尔·卡西和16世纪法国数学家维叶特才打破了这个纪录。祖冲之的这一研究成果，直到1500多年后的今天，科学界仍在广泛使用，人们把355/113＝π称为"祖率"，便是对他的纪念。

祖冲之的另一科学成就是对历法的改革。我国古代的农历是一种阴阳合用的历法，即：既要地球绕太阳1周作为1年，其时间为365天5小时48分46秒，又要月球绕地球1周作为1个月，其时间为29天12小时44分33秒。这两个数字除不尽，于是想出了用大月、小月及闰月进行调整的办法。祖冲之所在的南北朝时期，使用的是天文学家何承天编制的《元嘉历》，它采用19年设置7个闰月的办法，照此"闰法"，每200年就要与实际相差1天。祖冲之经过长期研究和记录，采用了391年设置144个闰月的新"闰法"，使之趋于精确。另外，太阳在黄道上每经过一个回归年的运行，又会回到原来的起点上，但实际并非如此，总是存在着一段微小的距离，这个差距就称为"岁差"。祖冲之在历法中首次引入了他自己得到的岁差数值，规定一年为365.24281481天，这个数值与近代科学测算所得的数值相差不到50秒。经过祖冲之改革的这部历法是在宋孝武帝大明六年编制出来的，因此称为《大明历》。公元510年（梁武帝天监九年），在祖冲之去世10年之后，《大明历》终于被采用。直到今天，它仍未被废止。祖冲之在机械制造方面也有显著成就，他制造过"千里船""水碓磨"，复制和改进过失传已久的"指南车"。

图4-3【僧一行像】僧一行（683～727），原姓张，名遂。生于唐高宗时代魏州昌乐（今河南南乐县）一个小官僚家庭，是我国唐代著名的天文学家和佛学家。他少年丧父，家境贫困，但勤奋苦学，尤对历学和五行文学兴趣浓厚，因而为其后来的天文学研究打下一定基础。成年后，由于不愿与官僚为伍，于是削发为僧，取

名"一行"。他先后到过浙江天台县天台山麓的国清寺和湖北当阳县玉泉山的玉泉寺，努力研习佛教经典和天文数学。公元721年，唐玄宗听说僧一行精通天文和历法，命他主持修编新历。受命之后，他即投入编修历书的实际工作，制造仪器，观测天象，进行天文、大地测量，并参照历代资料，历时7年，终于完成长达52卷的《大衍历》。他认为太阳在黄道上运行的速度并不是均匀的，而是冬至前后日行最快，夏至前后日行最缓，从而纠正了以往的历法把全年均分为24个节气的错误。僧一行对历法的重新编修，是中国历法史上一次重大的改革，《大衍历》成为当时世界上一部比较先进的历法。

为使《大衍历》通行全国，僧一行曾到全国各地进行天文观测。他将全国分为24个地区，逐一进行该地的北极高度和冬至、夏至日影长度的测量，以计算出全国各地的昼夜时刻和太阳出没的时间。他除使用先人的标杆测量日影方法外，还设计了一种名为"复矩图"的天文仪器来测量各地的北极高度。在河南汴州（今开封）到上蔡之间，测得的结果是：子午线1度的长度为351.27千米，换算成现在的长度为151.07千米，尽管由于当时远距离测量的误差及测量仪器所限而不够准确（现代所测为110.94千米），但他所使用的科学方法在天文史上是个创举，同时也是世界上第一次的子午线（指地球的经线）测量。公元727年，僧一行因病去世，当时《大衍历》尚未实行，但他留给后人的这52卷的先进历法，却使他的名字永载中国和世界科学的史册。

图4-4【李时珍像】李时珍（1518～1593），字东壁，号濒湖，是我国明代伟大的医学家、药物学家，也是杰出的植物学家。出生在湖北蕲州（今蕲春县）瓦硝坝一个名医世家，其父李言闻是一位著名的"神医"，其一生的医疗活动对少年的李时珍影响很大。他14岁中了秀才之后，曾先后三次科考不中，便决心摒弃仕途，24岁时正式随父行医。他阅读了大量的医学典籍，如《神农本草经》《本草经验注》《新修本草》《证类本草》等等，一方面使他丰富了学识，为行医奠定了基础；而另一方面使他发现了其中的不少问题和谬误，于是下定了重新编写一部新的药物学著作的决心。公元1552年，在他35岁那一年开始编写《本草纲目》一书，在长达近30年的时间里，他查阅了近千种药物及医学书籍，记下了数百万字的资料，足迹遍布江西、江苏、安徽、湖南、湖北、广东等地，行程达上万千米。通过广泛的实地考察，采集各种药材的实物标本；广泛收集民间流传的各种秘方、偏方；亲

自品尝试验各种药用植物，解剖药用动物，采掘和炮制药用矿物，倾听千百人的意见并仔细加以研究，使各种药物分类适当，理论说明正确无误。经过大量艰巨细微的工作，三易其稿，终于于公元1578年，完成了《本草纲目》这部药物学巨著。

《本草纲目》于1596年，即李时珍死后三年正式出版。全书共52卷，16部，60类共记载了1892味药，其中有374味药是新增加的；共收录药方11096个；附有各种矿植物标本插图1160幅。书中所收入的植物1195种，动物340种，矿物357种。对每种药物的名称、产地、形态、采集方法、炮制过程以及性质和功能等，

李时珍像

都作了详细地解释和说明。（邮票图案上"书中载有中国药用植物1892种"的文字有误。）这部药物学的伟大巨著，归纳总结了我国16世纪以前劳动人民丰富的药物经验，对后世医药学的发展贡献卓著，是祖国药物学的珍贵遗产和百科全书。这部书也受到世界医学界的高度重视，早已译成日、英、法、德、俄及拉丁文等多种版本流传于世。直到当代，仍在药物和植物学方面有着重要的参考价值，李时珍也由此受到世人的怀念和尊敬。

小型张每位科学家发行1枚小型张，全套共4枚。主图与邮票相同，无齿孔，这是新中国发行的第一套小型张。

弗·伊·列宁诞生
八十五周年纪念

发行日期：1955.12.15

（纪34）

2-1 （129）列宁像 　　8分 　　700万枚

2-2 （130）列宁像 　　20分 　　500万枚

邮票规格：26 mm × 38 mm

齿孔度数：14度

整张枚数：80枚

版　　别：雕刻版

设计者：刘硕仁

雕刻者：唐霖坤

印刷厂：北京人民印刷厂营业分厂

全套面值：0.28元

1870年4月22日，列宁出生在俄国辛比尔斯克省辛比尔斯克市（现乌里扬诺夫斯克州乌里扬诺夫斯克市），他有俄罗斯人、摩尔多瓦人、卡尔梅克蒙古人、犹太人、伏尔加德意志人及瑞典人的血统。1887年5月20日其兄亚历山大·乌里扬诺夫在彼得堡大学生物系就读时因参加民意党策划刺杀沙皇亚历山大三世的行动被绞死。同年，列宁中学毕业，进入喀山大学法律系学习，大学一年级时因在学校参加学生运动被开除学籍，流放到喀山省的偏僻农村监视居住，后因为他的母亲向政府当局申请，列宁改到萨马拉省乌里扬诺夫姐夫所居住的农村继续被警察公开监视居住。列宁在此自学了大学法律系课程以及马克思主义著作，特别是《共产党宣言》《资本论》等，由此接受并一生坚信共产主义。

1892年，列宁写下了其第一本著作《农民生活中新的经济变动》。同年，获得沙俄政府教育部批准，以彼得堡大学法律系校外旁听生资格赴彼得堡参加大学毕业国家考试，获金质毕业奖章与大学毕业证书。随即进入彼得堡一家律师事务所从事见习律师工作，并参加了当地马克思主义者组织的工人小组活动。

在弗拉基米尔·伊里奇·列宁诞生85周年之际，邮电部发行了这套纪念邮票。两幅画面图案相同，均依据苏联画家华西里夫创作的油画《列宁像》进行设计。画像以列宁特有的严峻、质朴和坚韧神情，反映了他那种毫不妥协地为马克思主义的观点而斗争的革命精神。

恩格斯诞生一三五周年纪念

发行日期：1955.12.16

2-1　　　　　　　　　　2-2

（纪35）

2-1 （131）恩格斯像　　8分　　700万枚

2-2 （132）恩格斯像　　20分　　500万枚

邮票规格：25 mm×38 mm

齿孔度数：14度

整张枚数：88枚

版　　别：雕刻版

设计者：孙传哲

雕刻者：孔绍惠

印刷厂：北京人民印刷厂营业分厂

全套面值：0.28元

弗里德里希·恩格斯，1820年11月28日生于德国普鲁士莱茵省巴门市一个纺织厂主家庭。1837年9月，未读完中学最后一年即开始学习经商。1838年7月至1841年3月，在不来梅一家贸易公司工作，利用业余时间学习哲学和文学，并接近激进的文学团体"青年德意志"，开始在《德意志电讯》上发表揭露普鲁士政治黑暗统治的文章。1841年9月至1842年10月服兵役，抽空到柏林大学旁听，和青年黑格尔派建立了密切的联系。1842年11月去英国工业城市曼彻斯特一家商号实习经商。1842年12月至1844年8月，在经商期间研究英国的社会关系、政治关系、英国工人的生活条件和劳动条件，了解英国工人的斗争和宪章运动，参加各种群众大会和工人集会，并研究资产阶级经济学和空想社会主义，1845年5月出版《英国工人阶级状况》一书，是他长期研究的重要结果。1844年9月，从曼彻斯特回国途中，在路过巴黎时会见了马克思，共同生活了10天，从此他们便开始为无产阶级革命事业而共同斗争。同年，他在《德法年鉴》上发表了《政治经济学批判大纲》。他在这一著作中对反动的马尔萨斯人口论作了致命的批判，指出当时经济制度的主要现象是私有制统治的必然结果。1845年春至1846年8月，和马克思一起住在布鲁塞尔，合写《神圣家族》和《德意志思想体系》两书，批判费尔巴哈哲学的缺点及青年黑格尔派的观点，创立了科学共产主义的理论基础。1847年1月底，加入"正义者同盟"。6月初，"正义者同盟"改为"共产主义者同盟"，参加该同盟在伦敦召开的第一次代表大会，并同马克思一起合著了《共产党宣言》这一科学共产主义的纲领性文献。1848年1月29日，被法国政府驱逐出境，3月下旬又重新回到巴黎，参加"共产主义者同盟"中央委员会的工作。4月和马克思一起回到德国，在科隆创办了战斗的民主报纸《新莱茵报》，宣传无产阶级的社会革命。9月底，为逃避通缉去比利时，10月4日被捕。出狱后于1849年5月参加德国南部的爱北斐特武装起义，失败后经瑞士到伦敦，参加"共产主义者同盟"中央委员会的工作。1850年11月至1852年间，写了《德国的革命和反革命》《德国农民战争》等著作，对1848年的革命进行了总结。从1850年11月至1869年7月，在曼彻斯特"欧门—恩格斯"公司工作了近20年，从经济物质上对马克思进行接济和帮助，其间的1864年，他和马克思一起创立了第一国际。1870年9月，迁居伦敦，和马克思一同直接参加领导国际工人协会的工作。10月4日，被选入国际总委员会。1871年春，他全力支持和捍卫巴黎公社，在马克思主要致力于写作《资本论》的情况下，恩格斯承担了同敌对思潮进行斗争的任务。从1877年至1878年间，他写了《反杜林论》，系统地阐述了马克思主义的三个组成部分。1880年3月20日，他的《社会主义从空想到科学的发展》一书出版，进一步论述了科学社会主义的原则，批判和揭露了杜林之流对社会主义的污蔑和背叛。马克思去世以后，恩格斯独自担负起指导国际工人运动，编辑和出版马克思的遗著并从事马克思主义的理论研究工作。1884年10月初，他的《家庭、私有制和国家的起源》一书出版，阐述了私有制、阶级和国家的起源及国家的本质。1888年5月中旬，《费尔巴哈和德国古典哲学的终结》一书出版，论述了马克思主义哲学的产生及其基本原理。1889年参加巴黎国际社会党人代表大会的筹备工作，指导建立了第二国际。1894年11月15日，写了《法德农民问题》一书，批判了在土地问题上的机会主义观点，阐明了无产阶级对待农民各阶层政策的革命原理，发展了工农联盟的思想。恩格斯对于自然科学和数学的研究也极为深刻成熟，其成果反映在他的《自然辩证法》一书中。恩格斯为了全世界无产阶级的解放事业贡献了自己的全部精力。1895年8月5日，于伦敦病逝，享年75岁，遵照遗嘱，其骨灰撒向大海。

为纪念恩格斯诞生135周年，邮电部发行了这套邮票。两幅画面均为以其照片进行设计的恩格斯侧面半身像，表现了他的睿智和坚定。

孙中山诞生九十周年

发行日期：1956.11.12

2-1   2-2

（纪38）

2-1 （138）孙中山像及题词　　4分　　1800万枚

2-2 （139）孙中山像及题词　　8分　　1200万枚

邮票规格：22 mm×34 mm

齿孔度数：14度

整张枚数：104枚

版　　别：胶雕版

设计者：卢天骄

雕刻者：唐霖坤

印刷厂：中国近代印刷公司

全套面值：0.12元

　　孙中山（1866年～1925年）是我国资产阶级民主革命的先行者，伟大的民主主义革命家。中华民国的创始人，"三民主义"的倡导者。首举彻底反封建的旗帜，"起共和而终帝制"。1905年，成立中国同盟会。1911年，辛亥革命后被推举为中华民国临时大总统。1929年6月1日，根据其生前遗愿，将陵墓永久迁葬于南京紫金山中山陵。1940年，国民政府通令全国，尊称其为"中华民国国父"。

　　在他诞生90周年之际，邮电部发行了这套纪念邮票。两幅画均为孙中山的正面像及"今后之革命，非以俄为师，断无成就"的题词手迹。

马克思诞生一四零周年纪念

发行日期：1958.5.5

（纪46）

2-1　（163）马克思像　　　　　　　　　　　　　　　　8分　　950万枚

2-2　（164）马克思在伦敦德国工人教育协会上作报告　22分　　300万枚

邮票规格：24 mm×33 mm

齿孔度数：14度

整张枚数：99枚

版　别：雕刻版

设计者：孙传哲

雕刻者：周永麟、李曼曾、刘国桐

印刷厂：中国近代印刷公司

全套面值：0.30元

知识百花园

在马克思诞生140周年之际，邮电部发行了这套纪念邮票。两幅画面均依据苏联著名版画家尼·尼·茹可夫创作的马克思画像而进行设计的，反映了马克思在这一时期的斗争生活。

邮票解析

图2-1【马克思像】1867年，马克思出版了他的不朽著作《资本论》第一卷。在这部巨著中，阐明了剩余价值理论，论述了资本主义社会经济运动的规律，揭示了资本主义必然灭亡和共产主义必然胜利的规律。这幅马克思画像即是他当年的形象，充分表现了他对科学的严谨和认真态度。他遵循这样的原则："研究必须详细地占有资料，分析它的不同的发展形态，并探寻出这各种形态的内部联系。只有在完成这种工作之后，实际的运动方才能够适当地叙述出来。"他写每一本书总是积累许多资料，如笔记、提要、表格、大纲以及切实可行的计划，编写详细的内容目录和每项内容的梗概。他把书里的每一处证据都仔细核对过，且总是找原始资料，为此特地跑图书馆。经过这样长年累月地准备和研究，然后他才开始把那些成熟的见解写出来。不久，他又写出了《资本论》第二卷、第三卷的手稿，为人类和无产阶级留下了宝贵的理论财富。

图2-2【马克思在伦敦德国工人教育协会上作报告】19世纪50年代末期，由于国际上的经济危机，柏林、爱北斐特等地日益频繁的罢工和失业者的示威，显示出了德国工人运动的新高涨。德国进步的无产者都联合组成了工人教育协会。60年代初期，德国已经有几十个这样的协会。在协会中，工人们不但推广了普通教育，而且还讨论他们的社会利益和政治要求。他们代表全体市民，要求结社、集会和言论方面的绝对自由权，要求普遍的、平等的直接选举权，并且为了保证这些民主权利，还要求建立人民武装，而不是去加强军国主义。定居伦敦的马克思则尽力用各种方法去帮助这一自发的工人运动。邮票画面即描绘了1864年9月马克思在伦敦圣马丁堂（音乐厅礼堂）向德国工人教育协会成员演讲时的情景。

关汉卿戏剧创作七百年

发行日期：1958.6.20、1958.6.28（M）

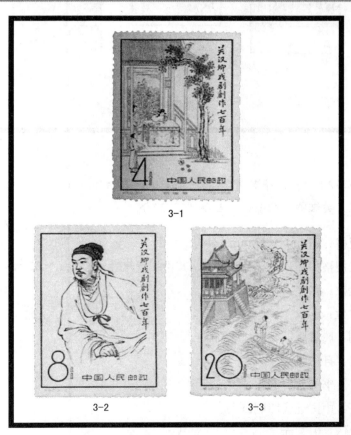

3-1

3-2   3-3

（纪50）

3-1 （170）《蝴蝶梦》   4分   500万枚

3-2 （171）关汉卿像   8分   900万枚

认识邮票中的古今人物

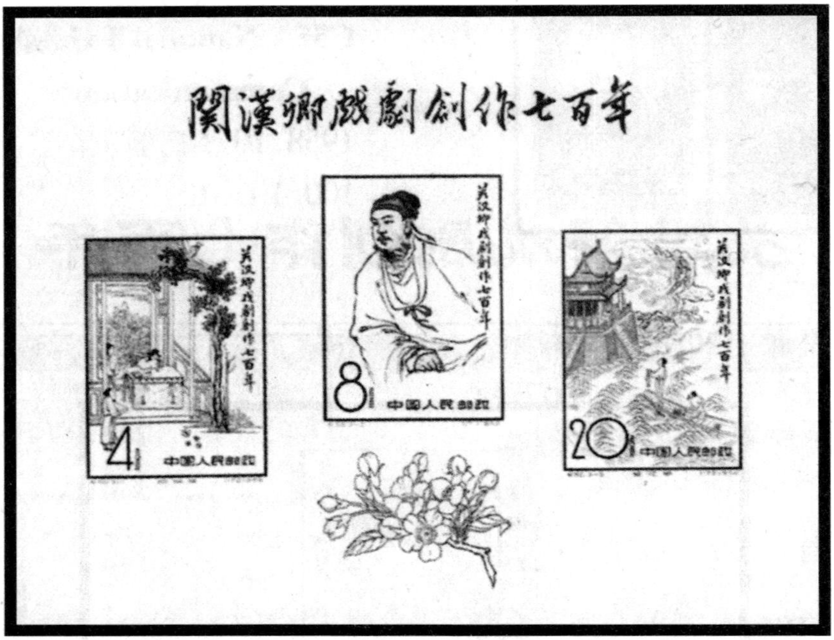

（纪50 小全张）

3-3 （172）《望江亭》 20分 400万枚

小全张 关汉卿戏剧创作七百年 32分 25万枚

邮票规格： 27 mm × 37 mm

小全张规格： 131 mm × 100 mm，其中邮票尺寸：27 mm × 37 mm

齿孔度数： 14度、无齿（M）

整张枚数： 80枚

版　别： 胶雕版、（M）雕刻版

设计者： 孙传哲

雕刻者： 李曼曾、唐霖坤、高振宇

印刷厂： 中国近代印刷公司

全套面值： 0.32元

小全张售价： 0.32元

关汉卿，原名已佚，字汉卿，号已斋。他的生平事略，现在知道得很少。从一些零散的记载和他写的"散曲"中，大致可知他生于金代末年（1220年前后），卒于元成宗大法年间（1297～1307），解州（今山西运城市解州镇）人。30岁时到元大都（北京市）进献所作新剧《伊尹扶汤》，获得元统治者赏识，遂进入士大夫阶层。他曾担任过太医院尹。晚年还到过杭州和扬州。他生逢乱世，社会动荡，人民流离，成年后又目睹时代的污秽和黑暗，使他立志冒险以杂剧创作来倾吐自己抑郁愤懑的胸臆，揭露和鞭挞社会的污垢，同情和歌颂人民的正义和疾苦。所以，他对从医并无兴趣，而是常常粉墨登场，与演员为伍，为人"滑稽多智，蕴藉风流"。由于他经常生活在下层劳动人民中间，"会吟诗"，"会弹丝"，"会唱鹧鸪"，通"五音六律"，受到大家欢迎，同时又得到不少创作素材。他性格爽朗，刚直不阿，他曾在一支散曲里说："我是蒸不烂、煮不熟、槌不扁、炒不爆、响当当一粒铜豌豆。"这种坚韧不拔的意志和性格也正是他战胜黑暗，顽强创作的重要原因。关汉卿不仅是载入中国史册最早的戏剧家，也是古代最多产的剧作家。他的剧作数量比英国的莎士比亚要多出一倍。据《录鬼簿》《太和正音谱》《今乐考证》记载，关汉卿一生中曾写过60多个剧本，可惜大部分已经失传了。保存下来的有10多个，如《窦娥冤》《望江亭》《救风尘》《鲁斋郎》《谢天香》《蝴蝶梦》《金线池》《玉镜台》《绯衣梦》《哭存孝》《单刀会》《西蜀梦》《诈妮子》等，其中的悲剧《窦娥冤》、喜剧《救风尘》和历史剧《单刀会》是他的代表之作。这些作品，都无不直接或间接地反映了元代社会的现实生活，特别是塑造了备受欺压和遭受摧残的社会下层妇女的形象，如婢女、乳娘、妓女和寡妇等，他以深切的同情之心去描写她们善良、正直、勇敢、机智的品格，赞扬她们反抗强暴、争取自由、追求幸福的斗争和行为，寄托着作者内心深处的爱憎和情感。他的剧作大多取材于现实生活或摘取历史的传说，题材广泛，内容丰富，风格多样，思想深刻，不仅在中国文学史、戏剧史上占有重要地位，而且在世界文学艺术殿堂里也闪烁着璀璨的光辉。

为纪念关汉卿戏剧创作700年，邮电部发行了这套邮票，反映了这位伟大剧作家的形象及其主要剧作。

图3-1【《蝴蝶梦》】是一出清官戏，全名《包待制三勘蝴蝶梦》。主要情节为：中牟县农民王老汉上街为儿子购买读书用的纸笔时，不巧挡了恶霸葛彪的马头而被打死。三个儿子为报父仇打死葛彪而被公人拿住，押到开封府包待制衙前。适逢那天包公审案中在案头做了一梦，梦见一只大蝴蝶救出两只被蜘蛛网粘住的小蝴蝶，而对另一只被粘住的小蝴蝶，大蝴蝶却不再去救它，包公觉得可怜，亲自将那小蝴蝶救出。一觉醒来，逢王氏兄弟打死葛彪一案，审问时，兄弟三人和其母王婆婆争先认定打死葛彪的罪名，愿意偿命。当包公提出让其中一个儿子去抵命时，王婆婆同意让三儿子去死。包公问起原因，王婆婆道出真情，原来她是大儿、二儿的继母，只有王三是她亲生，王婆婆这种为保全非亲生子而甘愿舍弃亲骨肉的精神，使包公及所有人都深为感动。经过三次审问，终于弄清这些真相。于是，把一个死刑犯处死以抵葛彪之命，而把王三释放，并且给三兄弟都封了官职，王婆婆也被封为贤德夫人。邮票画面依据明代黄应兴、黄应瑞、黄德珍为该剧所画的插图进行设计，描绘了包待制正伏案梦中，庭前一只大蝴蝶带领三只小蝴蝶翩翩飞来，反映了主要剧情。

图3-2【关汉卿像】邮票画面依据我国画家李斛仿照唐式服装，并根据剧作家的剧作风格所绘制的关汉卿画像进行设计的，既表现出他的爽朗豪放的气质，又洋溢着他为贫弱仗义执言的精神。

图3-3【《望江亭》】是一出喜剧，全名《望江亭中秋切旦》。主要情节为：聪明、美貌的谭记儿年轻守寡，孤独凄凉，在清安观中经观主白姑姑介绍，与青年官员白士中结成夫妻，一同到潭州赴任。权豪杨衙内早就觊觎谭记儿的美貌，一心想霸占为妾，听到这个消息就怀恨在心，于是诬奏白士中贪花恋酒，不理公事，之后带着皇上赐予的宝剑、金牌到潭州去取白士中首级。白闻讯后惶恐不安，谭记儿问明情况后，便设计救危。中秋之夜，记儿扮作渔妇，乘小船到望江亭为杨衙内送去一条大鱼，要为杨衙内烹鲜下酒。好色之徒杨衙内一见她便肆意调戏，谭记儿巧妙周旋，把杨灌醉，智赚宝剑、金牌。杨衙内失去符验，仍然仗势到白士中家中无理取闹，被巡抚都御史李秉忠将杨衙内杖八十，削职为民，了结了此案。邮票画面依据明代顾曲斋的《元人杂剧选》中为该剧所作的插图进行设计。描绘了权豪杨衙内正在望江亭中得意忘形，寻欢作乐，而谭记儿立于小船船头，手提鲇鱼，迷惑权豪，设计救危的情景。

弗·伊·列宁诞生九十周年

发行日期：1960.4.22

3-1

3-2

3-3

（纪77）

认识邮票中的古今人物

3-1	（262）列宁在演讲	4分	600万枚
3-2	（263）列宁像	8分	800万枚
3-3	（264）列宁在斯摩尔尼宫和近卫军谈话	20分	200万枚

邮票规格：26 mm×35.5 mm

齿孔度数：11.5×11度

整张枚数：50枚

版　别：（3-1、3-3）雕刻版、（3-2）影雕版

设计者：卢天骄

雕刻者：孙鸿年、孔绍惠、唐霖坤

印刷厂：北京邮票厂

全套面值：0.32元

知识百花园

在列宁诞生90周年之际，邮电部发行的纪念邮票以3幅画面概括描绘了他那伟大一生中的几个侧面，表达了中国人民对他的崇敬和怀念。

邮票解析

图3-1【列宁在演讲】列宁的一生，是战斗的一生，毫不妥协地为无产阶级利益顽强奋斗的一生。从俄共（布）建党初期就是如此。邮票画面即以列宁登上讲坛，批判敌人，陈述己见的从容姿态，表现了他的顽强斗争和大义凛然。

图3-2【列宁像】邮票画面以列宁的一幅素描画像，表现了他作为一位伟大革命领袖的风度和精力充沛的凡人气质。

图3-3【列宁在斯摩尔尼宫和近卫军谈话】邮票画面是以苏联画家瓦西里耶夫创作的《列宁在斯摩尔尼宫和近卫军谈话》而设计的图案。描绘了列宁在那里亲自领导十月革命武装起义时与士兵亲切交谈的情景。

恩格斯诞生一四零周年

发行日期：1960. 11. 28

（纪80）

2-1 （269）恩格斯在第一国际海牙代表大会上讲演　　8分　　640万枚

2-2 （270）恩格斯像　　　　　　　　　　　　　　　10分　　250万枚

邮票规格：26 mm×35.5 mm

齿孔度数：11度

整张枚数：40枚

版　别：（2-1）雕刻版、（2-2）影写版

设计者：卢天骄

雕刻者：孔绍惠

印刷厂：北京邮票厂

全套面值：0.18元

邮票解析

图2-1【恩格斯在第一国际海牙代表大会上讲演】邮票画面为恩格斯于1872年9月在第一国际海牙代表大会上发表演说时的形象。

图2-2【恩格斯像】邮票画面为恩格斯晚年时的形象。

诺尔曼·白求恩

发行日期：1960.11.20

（纪84）

2-1 （277）白求恩大夫像　　　　　　8分　　540万枚

2-2 （278）白求恩大夫在抢救伤员　　8分　　540万枚

邮票规格：24 mm×34mm

齿孔度数：11.5×11度

整张枚数：40枚

版　别：（2-1）影写版、（2-2）雕刻版

设计者：卢天骄

雕刻者：孙鸿年

印刷厂：北京邮票厂

全套面值：0.16元

45

　　诺尔曼·白求恩，1890年3月3日生于加拿大安大略省北部的格雷文赫斯特镇一个牧师家庭。他是加拿大劳工进步党（原称共产党）党员，著名的外科医生。1916年12月，在加拿大多伦多大学医科毕业后，即在加拿大和英国从事医务工作，曾任蒙特利尔皇家维多利亚医院外科医师和圣心医院胸外科主任。1923年秋，通过了在爱丁堡举行的外科学会会员考试，即被录取为英国皇家外科医学会会员。翌年，他先后到欧洲各国进行外科名医手术的考察和学习，后来在美国和加拿大继续从事医务工作。1935年11月，白求恩加入了加拿大共产党（1943年8月改为加拿大劳工进步党）。1936年，当德、意法西斯武装干涉西班牙革命时，白求恩随加拿大志愿军赴西班牙参加反法西斯的战地救护工作。1937年中国抗日战争爆发后，他积极呼吁援助中国人民的正义斗争。1938年1月，白求恩受加拿大和美国共产党的派遣，携带了大量医疗器械和药品，率领一个由加、美人员组成的医疗队来华，于1月下旬到达武汉。当时，中共中央军委副主席周恩来在八路军驻武汉办事处会见了他。白求恩毅然决定到解放区和抗战前线去工作，并于3月底到达延安。毛泽东在延安亲切地予以接见。根据白求恩的要求，于6月17日到达晋察冀军区所在地——山西省五台县金刚库村，在当时医疗设备和技术条件极为困难的情况下，白求恩倡议在五台县松岩口村创建了国际和平医院（现为白求恩国际和平医院）和白求恩医科学校（现为华北医科大学）。1939年2月，他率领"东征医疗队"前往冀中各地抢救伤员，行程共700多千米，实施大小手术315次，挽救了大批伤员的生命。为了培养和提高八路军医务人员的医疗水平，1939年6月下旬，白求恩回到河北省唐县神北村，着手编写《游击战争中师野战医院的组织和技术》一书，全书共9章，约14万字，附插图119幅。同年10月，为了向世界人民宣传中国人民的抗日战争，他准备回加拿大、美国募集经费和购买药品。由于日寇发动了大规模的"冬季扫荡"，白求恩因此推迟了行期，又率领医疗队奔赴前线工作。他说："做军医工作，就要和战士在一起，即使牺牲了也是光荣的！"为了挽救一个中国伤员的生命，他曾慷慨地献出自己的鲜血。1939年10月28日，白求恩在涞源县摩天岭前线，在敌人的枪炮声中，为一个名叫朱德士的伤员手术时，左手中指被碎骨刺破。11月1日，在一分区医院，他给一名患颈部丹毒合并蜂窝组织炎的病员手术时，所戴胶皮手套被划破，细菌再次感染他受伤的中指，导致中毒而患败血症，于1939年11月12日凌晨5时20分，在河北省完县（今唐县）逝世。白求恩大夫表现了崇高的国际主义精神和共产党员的高尚情操，无私地为中国人民的解放事业献出了生命，他的牺牲精神、工作热忱、责任心，堪称模范。同年12月21日，毛泽东写了《纪念白求恩》一文，对白求恩作了高度评价和赞扬，并号召向他学习。

为了表达中国人民对白求恩大夫的深切怀念和敬仰之情，邮电部发行了这套纪念邮票。

邮票解析

图2-1【白求恩大夫像】邮票画面上的白求恩，身着八路军的粗布军装，举目仰望，凝视着那硝烟弥漫的战场。

图2-2【白求恩大夫在抢救伤员】白求恩正在一座破庙的手术室里，在用两个驮鞍、一扇门板搭成的手术台上，为伤员施行手术的场面。这是反映白求恩战地生活的一幅珍贵照片，是八路军随军记者吴印成于1939年所拍摄。当时，这里距前线只有六七百米路，枪炮声不时传来，但白求恩仍在全神贯注抢救伤员，表现了他的认真负责的彻底革命精神。

詹天佑诞生一百周年

发行日期：1961.6.20

（纪87）

2-1 （285）詹天佑像　　　8分　　800万枚

2-2 （286）京张铁路　　　10分　　300万枚

邮票规格：26 mm×36 mm

齿孔度数：11.5×11度

整张枚数：50枚

版　别：影写版

设计者：吴建坤

印刷厂：北京邮票厂

全套面值：0.18元

图2-1【詹天佑像】詹天佑，字眷诚，安徽省婺源县（现属江西省）人。1861年4月26日生于广东省南海县一个茶商家庭。1872年，年仅12岁的詹天佑便为清政府派往美国官费留学的120名幼童生之一。1878年，毕业于美国的纽海文中学。同年5月，进入美国耶鲁大学土木工程系，专修铁路工程，考试名列前茅，曾获数学奖金。在美国留学期间，他深切感到由于祖国的贫穷落后，国际地位低下，中国人在国外备受歧视。他甚感祖国富庶强大之重要，立志刻苦学习和钻研外国的科学技术，决心为改变中国的贫弱而努力。1881年5月毕业，获得学士学位，7月回国，被派往满洲船政局水师学堂学习海船驾驶。一年后毕业，派往扬武兵轮操练。1884年8月参加过中法战争的马尾海战。以后，他被两广总督张之洞调到广东博学馆和水陆师学堂任外文教习4年。1888年经同学邝孙谋的推荐，北上天津，进入伍廷芳任总办的中国铁路公司，在外籍工程师手下任"帮工程师"，参加修筑塘津（塘沽至天津）铁路，因其才能杰出，深受外籍工程师钦佩。1894年，被英国工程研究会选为会员，并先后参与了津芦、锦州、萍醴、潮汕等铁路建筑工程。1902年，他又主持修筑新易铁路（高碑店至河北易县的西陵），以满足慈禧太后坐火车去"谒陵"之需。詹天佑打破了外国筑路的传统惯例，精心组织，大胆创新，提前两个月完成了任务，并积累了丰富的经验，为我国培养了一批年轻的技术力量。1905年，他又承担了修筑京张铁路的重任，这是他一生中最为辉煌的功绩。京张铁路历时4年通车后，他又先后担任川汉铁路总工程师兼会办、广东商办粤汉铁路总理兼总工程师、商办汉粤川铁路会办兼总工程师、督办等职。1913年被公举为"中华工程师学会"会长。在他主持下，编撰并出版了《京张铁路工程纪要》和中国第一部工程技术词典《华英工程词汇》。1919年1月，被任为协约国监管远东铁路会议代表兼该会技术部的中国代表。同年4月24日，这位为中国铁路事业奋斗终生的伟大工程师不幸病逝，长眠于北京西郊海淀区小南庄村（现中国人民大学附近）的一个极普通

的墓地里，享年58岁。为了纪念他并激发我国人民的爱国热情，铁道部于1982年在青龙桥火车站修建了詹天佑先生新墓。重新树立了他的铜像（原铜像在"文革"中被损坏）。"詹天佑是中国人民的光荣。"周恩来总理的评价恰如其分，我们应该永远纪念他。邮票画面即为詹天佑晚年的一幅画像，表现了他的平易和不凡。

图2-2【京张铁路】从北京到张家口，全长200千米，是中国独立自主修建的第一条铁路，是连接华北和西北的交通要道。邮票画面即是京张铁路最险要的八达岭一段，火车正从居庸关穿出，展示了詹天佑领导修建京张铁路的卓越成就。

穿越长城的京张铁路

鲁迅诞生八十周年

发行日期：1962.2.26

（纪91）

1-1　（296）鲁迅雕塑像　　8分　　800万枚

邮票规格：26 mm×35.5 mm

齿孔度数：11.5×11度

整张枚数：40枚

版　别：影写版

设计者：万维生

印刷厂：北京邮票厂

全套面值：0.08元

　　鲁迅，浙江绍兴人，原名周树人，字豫山、豫亭，后改名为豫才。他时常穿一件朴素的中式长衫，头发像刷子一样直竖着，浓密的胡须形成了一个隶书的"一"字。毛主席评价他是伟大的无产阶级文学家、思想家、革命家，是中国文化革命的主将。

　　这套邮票的画面采用了雕塑家谢笳声创作的鲁迅塑像进行设计。这幅作品所塑造出来的气质，恰恰体现了这段话的精神。

鲁迅雕像

中国古代科学家（第二组）

発行日期：1962.12.1

（纪92）

8-1 （297）蔡伦像　　　4分　　　300万枚

8-2 （298）造纸　　　　4分　　　300万枚

8-3 （299）孙思邈像　　8分　　　600万枚

8-4	（300）医药	8分	600万枚
8-5	（301）沈括像	10分	250万枚
8-6	（302）地质	10分	250万枚
8-7	（303）郭守敬像	20分	150万枚
8-8	（304）天文	20分	150万枚

邮票规格：26.5 mm × 36 mm

齿孔度数：11.5 × 11度

整张枚数：50枚

版　别：影写版

设计者：孙传哲

印刷厂：北京邮票厂

全套面值：0.84元

知识百花园

我国是世界四大文明古国之一。有丰富的远古文物的遗存，有近4000年文字记载的历史。我国产生过许多伟大的思想家、科学家、发明家、政治家、军事家、文学家和艺术家，有许多发明创造，对人类社会的发展作出了伟大的贡献。

邮电部发行的这套系列邮票，以8幅画面展示了4位卓有建树的中国古代科学家蔡伦、孙思邈、沈括、郭守敬的形象和业绩。其中，第一图在印制时，曾将蔡伦的生卒年份印成"公元前"。后发现修版时，仍有一枚漏修，成为错版票。

邮票解析

图8-1【蔡伦像】蔡伦字敬仲，东汉桂阳（今湖南耒阳县）人。公元75年（后汉明帝永平元年）入宫为宦。由于办事得力，第二年即升为小黄门，公元89年转为中常侍，公元97年加位尚方令，公元114年封为龙亭侯，后为长乐太仆，于121年因卷入宫廷内讧而服毒自杀。蔡伦是在宫中任职46年的"豫参帷幄"，深得统治者赏识的有权势的高级宦官，并被封为列侯，进入了贵族行列。后世尊他为造纸术的发

蔡伦像

明人，但实际造纸术的发明并不是某一个人努力的结果。以前主要的书写材料是简牍和丝帛，可是"帛贵而简重，并不便于人"。到了汉代，国家获得统一，社会经济和科学文化都得到较大发展，人们在日常生活中对书写材料的需要也与日俱增。公元102年（永元十四年）邓后继位，提倡节俭，兴办学校，于是"万国贡献悉禁绝，惟岁供纸墨而已"。在这种情况下，当时担任尚书令的蔡伦，是主管皇宫事务的高级官员，提供价廉方便的书写材料是他的职责之一。蔡伦总结了前人造纸的经验，采用来源广泛、价钱便宜的树皮以及一些废物，如破布、麻绳头、破渔网等做原料，先把这些东西剪碎或切断，放在水里浸渍多日，再捣烂成糨糊状，有的还需要蒸煮，然后在席子上摊成薄片，放在太阳底下晒干，这样便造出了体轻质薄、很适合写字且物美价廉的纸。公元105年，汉和帝诏令天下，用此法造纸，于是这种纸被誉为"蔡侯纸"。蔡伦造纸法的成功，是人类文化史上的一件大事，后人用木浆造纸，就是受蔡伦用树皮造纸的启发。由于此法原料充足，纸才有可能大量生

蔡伦墓

产，给以后书籍的印刷创造了物质条件。蔡伦死后，葬于他的封地陕西洋县。他的生地湖南耒阳现在建有蔡伦纪念馆，以缅怀他的业绩。邮票画面即为手持纸张的蔡伦半身画像，表现了这位"蔡侯纸"发明者的体貌特征。

图8-2【造纸】邮票画面即为釜中溶化纸浆，手工搅拌纤维原料，然后在砖台上压浆脱水，晾干纸页，最后成为正卿达官手中的案卷文书的过程，展现了一幅具体的古代造纸图。

图8-3【孙思邈像】公元581年，隋朝建立，就在这一年，孙思邈诞生于京兆华原（今陕西耀州区孙家塬）一个小康之家。父亲希望他能学成名就，走上仕途。但他却生来不喜做官为宦。少年时代的一场大病，更坚定了他从医为民的志向。他认为：读书做官只能一人得利，而学医治病却可以拯救更多人的生命。由于他刻苦努力，博览群书，学识渊博，深得人望。隋文帝、唐太宗几次下诏，要他去京城

做官，但均被拒绝。他得到母亲的支持，云游四方，隐居民间，为穷苦百姓防病治病。通过多年的巡回医疗，身体力行，亲自实践，他收集了大量的民间药方，积累了丰富而宝贵的诊断经验，并遍历名山大川，采集品尝药物，使理论与实践紧密结合，医术水平日益提高。公元652年，孙思邈根据前人著作和自己的经验，编写了《备急千金要方》30卷，后又撰写了《千金翼方》。这两部医学著作载有药物800多种，并详细记载了200多种药物的采集和炮制方法等，收载了药方5300多个。书中对脉学、药学、针灸、食疗、妇婴病、营养缺乏病、个人卫生、医学道德、眼科学等都详细论述了病理，又兼取民间杂方、单方，说明医治方法及手段。

孙思邈塑像

他在书中首开"妇人方"，是我国医学史上创建妇科最早的人。并单列《少小婴孺方》卷，详细论述了儿科的各种疾病。他倡导了综合疗法，提倡脏病、腑病分类。在针灸方面，他发现了"阿是穴位"。在药物学方面，书中详细记载了采集和炮制药物经验，特别强调了采药的时节和处理方法。他的医学实践和理论突破了过去的医书《黄帝内经》、药书《神农本草》的框子，使医道"至唐而一变"。尤其是他运用了大量民间方药，如用动物的甲状腺治疗甲状腺肿大，用牛羊肝治疗夜盲症等，都对祖国的医疗事业作出了重要贡献。他对脚气病成因的探讨及治疗方法的成功，至少比欧美各国早1000年。公元682年，孙思邈以101岁高龄离开人世。人们为了纪念他，在他的家乡建立了祠堂，以便祭祀和瞻仰。后世人尊称他为"药王"，在他隐居的五台山一带，人们把此山称为"药王山"，至今山上还存有历代所刻纪念石碑100余座。邮票画面即为这位眉清目朗、神采飞扬的孙思邈画像。

图8-4【医药】我国的医药历史悠久。商代甲骨文中已有许多种病的名称，如疥、疟、耳病、眼病等。周朝设置了医师总管医药行政，医生已有食医（营养卫生）、疾医（内科）、疡医（外科）和兽医之分，我国医学开始分科。春秋战国的《山海经》中，载有100多种植物、动物和矿物药物，并已认识到这些药物所能治疗或预防的疾病有数十种。邮票画面即为一幅中国古代制药图。

图8-5【沈括像】沈括字存中，北宋钱塘（今浙江杭州市）人。1031年生于一个封建官僚家族。幼年跟随父亲沈周游历祖国各地。壮丽的河山，广阔的田野，激发了他对自然、对科学、对祖国的热爱。由于他天资聪明，博览群书，很早便已显示出不俗的才华。23岁时就出任海州沭阳县（今属江苏省）主簿，主持治理沭水工程，为沭水疏筑"百渠九堰"，开辟良田7000多顷。后又历任东海、宁国、宛丘等县县令。1063年，考中进士，被授任扬州司理参军，掌管刑讼审讯。三年后又被荐举到京师昭文馆编校书籍，继而任提举司天监职务，研究天文历算。1069年，他又积极参与了王安石变法运动，颇得王安石赏识。1072年，又兼任史馆检讨，次年任集贤院校理、太常丞等职务。1074年，担任河北西路察访使和军器监，编写了《修城法式条约》和边帅《阵法》等军事著作。1075年，他又出使辽国，驳斥辽国争界的无理要求，获得了外交上的胜利。

次年任翰林院学士，后又被王安石荐任为三司使，管理全国财政，并整顿了陕西盐政。王安石变法失败后，他受牵连被贬，于1077年出知宣州（今安徽宣城），三年后改知延州（今陕西延安），并受命抵御西夏而立功，于1082年被提升为龙图阁直学士。同年，西夏攻破永乐城（今陕西米脂），又因此获罪被降职为团练副使，先后谪居随州（今湖北随州）、秀州（今浙江嘉兴）。1076年至1088年，沈括积多年心血，终于编绘完成了"二寸折一百里"的《天下州县图》，这是当时全国最好的地图集，共12幅，又称《守令图》，是中

沈括像

国古代地图学上的重要成果。他也因此而受到奖励，特许他隐居在润州（今镇江市）梦溪园。在这期间，他将自己几十年的经历，所见所闻各个方面的研究成果，运用笔记文学的形式写成了一部不朽的巨著《梦溪笔谈》。该书共26卷，另有《补笔谈》3卷，《续笔谈》1卷。总结了我国古代数学、天文、气象、地质、矿物、地理、物理、化学、工程、工艺、农艺、考古、语言、文学艺术、医学、人类学、动植物学、生物科学等方面的重要成就，记载了我国古代劳动人民的许多创造发明和精湛的工艺技术，是我国极其宝贵的科学文化遗产之一。书中还记载了他对科学的许多重要贡献。在天文历法方面，他是世界上第一个提出太阳历与农历结合的人，他设计的"十二气历"和今天通行于世界的"公历"相比毫不逊色。他与卫朴合作制定了"奉元历"，亲手改进了浑天仪和浮漏等天文仪器，写出《浑仪议》《浮漏议》《景表议》等重要天文科学著作。他曾精密测定天球北极的位置，连续观察三个月，绘图200多幅，最后计算出北极星实际偏离北极3度多。在数学方面他发明了"隙积术"（计算有空隙的堆积体），创立了我国古代数学发展史上二阶等差级数求和的方法；他发明了计算圆弧长的"会圆术"，达到较高的精确度，已初步接触到微分的思想。在光学方面，他对凹凸镜的原理作了精辟的论述。在物理学方面，他发现指南针不正指南方而略偏东，是世界上最先发现地磁偏角的人，比西方传说哥伦布航向美洲时，于1492年发现磁针的偏角早400多年。他还发现了"应声"，即现代声学中的共振现象。在医学方面，他还写出了《灵苑方》一书。在地学方面，他提出了关于水流侵蚀、冲积作用的理论，认为河北平原乃是由黄河、漳水、滹沱河、涿水、桑干河等河流冲积而成，这个理论要比英国的赫顿早700多年。他根据山西太行山石壁层中的螺蚌壳堆积，科学地推断当地为"昔之海滨"，这比意大利达·芬奇的同类观察研究要早400年左右。他根据延州类似竹子（实际上是新芦木）的化石推断过去该地区气候温湿，欧洲直到公元1763年才有人提出推断古气候的类似见解。

　　图8-6【地质】邮票画面为沈括于深山中进行地质考察的情景。

　　图8-7【郭守敬像】郭守敬字若思，邢州邢台县（今河北省邢台市）人，1231年生于一个读书人家庭。少年时代，受其精通数学和水利的祖父郭荣的影响，便对自然科学产生了浓厚的兴趣。1250年，他20岁时到紫金山（今河北省武安县）投师于当时的著名学者刘秉忠，学习天文、地理、数学和水利。由于天资聪颖，勤奋努

力，其学识日增，颇有名气。经当时的水利专家张文谦举荐，元太祖忽必烈在上都（今内蒙古正蓝旗五一牧场）召见了他，在听取他面陈的6条治水方策后，即任命其为提举诸路河渠，负责各路河渠整修事务，1263年，升为副河渠使。1271年，又被任命为都水监，后改任工部郎中。凿通通惠河、通漕河，解决了元大都的用水问题。1276年，奉命参与制定新的历法修订工作。为此，他首先着手进行天象仪器的创制和改进工作，先后设计并制作了简仪、高表、候极仪、浑天象、仰仪、玲珑仪、立运仪、证理仪、景符仪、窥几、日月食仪以及星晷定时仪等，其中简仪比西方丹麦天文学家弟谷的同类仪器早300多年。郭守敬利用这些仪器开始主持全国所设的27个地点的日影测量、北极出地高度和春分、秋分、夏至和冬至昼夜时刻的测定。现在所存的北京有名的天文观象台，就是那时建造的。如此大规模的地理纬度的测定，在中世纪是仅有的。在这一过程中，他提出了"三次内插公式"和"球面直角三角形解法"，用来解决太阳盈缩及各种天文历法上的计算难题。经过他与王恂、许衡等人的共同努力，历时4年，至1280年完成了新的历法制定工作。按照《尚书·尧曲》中"敬授民时"一语，忽必烈命令这部新历为《授时历》，并于

郭守敬像

1281年正式颁行。这部历法把我国古代的历法体系推向了高峰，它所采取的天文常数都是比较准确的，它对日、月、五星运动的研究也达到了新的水平。如《授时历》采用了南宋杨忠辅于1199年制定的《统天历》所确定的一回归年的数值，即以365.2435天为一年，它同地球绕太阳一周的实际时间相比只差26秒，与现今世界上通用的《格里历》使用值一样，但却比它早用了301年。《统天历》还认识回归年长度逐年变化，是古大而今小。《授时历》接受了这一正确概念，并给

出了比《统天历》更好的变化值。它给出日行最快的时间在冬至点，与当时地球过近日点的真正时日相吻合。《授时历》在日、月、五星运动的推算中，运用了高阶等差级数内插法（即古代招差术）和弧矢割圆术（将圆弧线段化成弦、矢等直线段来计算的方法）。还使用了若干和球面三角术相合的公式。《授时历》还废除了用复杂的分数表示天文数据的传统方法，改用百进位制，把一天分为100刻，每刻分成100分，每分是100秒，秒以下的单位也用百进位。《授时历》根据观测的结果，确定当年的气应（冬至距上个甲子日夜半的时间）、闰应（冬至距十一月朔的时间）、转应（冬至距月球过近地点的时间）和交应（冬至距月球过黄道和白道交点的时间）等数据。这种办法和近代编算天文年历的办法相近，也是我国历法史上的重大改革。明代颁行的《大统历》基本上沿用《授时历》的法数，如果把这两种历法看成一贯的，则这种历法共用了364年，是我国历史上使用时间最长的历法。1292年，郭守敬被任为太史令，1294年又升任为昭文馆大学士、知太史院事。1316年逝世，享年85岁。主要著作有《推步》《立成》《历议拟稿》等，共14种105卷。郭守敬在天文学方面的贡献，在世界天文学史上占有重要地位。为此，1970年，国际天文学会把月球背面的一个环形山命名为郭守敬山，以示对他的纪念。邮票画面即为这位多才、勤奋的天文学家郭守敬画像。

图8-8【天文】邮票画面即为郭守敬正在利用简仪进行天体测量的场面。

集邮小知识

宣统登基纪念邮票

大清邮政一共发行了两套纪念邮票，第一套是"万寿票"，另一套是1909年发行的《宣统登基纪念》邮票。清朝末代皇帝溥仪3岁登基，改元宣统，为庆祝御极庆典而发行。全套3枚，主图为天坛祈年殿，四边框饰均为橘黄色，中心套色分别为绿色、蓝色和紫色，齿孔度为14，图幅尺寸为30.5 mm×22.5 mm。

宣统登基纪念邮票占据了三个第一：首次把中国风景、古典建筑搬上了邮票；首次采用雕刻版双色套印；首次印上了外国印刷厂招牌"WATERL OW & SONS LIMITED, LONDON"。邮票发行前，上海各种报纸争相刊登消息，出现了前所未有的购买热潮，第一批运到上海8万套，购者拥挤，不到一个小时就悉数售罄。有人高价收购，市价涨至面值6倍，盛况空前。邮局运来第二批3万套续售，使市价回跌。后来邮政总局又调集各地售剩之票于上海邮局，则市价一蹶不振，后来无人问津。目前这套邮票身价之廉，在清代邮票中排在首位。

杜甫诞生一二五零周年

发行日期：1962.5.25

（纪93）

2-1　（305）杜甫草堂碑亭（成都）　　4分　　400万枚

2-2　（306）杜甫像　　　　　　　　　8分　　800万枚

邮票规格：26.5 mm×36 mm

齿孔度数：11.5×11度

整张枚数：50枚

版　　别：影写版

设计者：卢天骄

印刷厂：北京邮票厂

全套面值：0.12元

我国唐代伟大的现实主义诗人杜甫,以其忧国忧民的崇高精神和推己及人的宽广博大胸怀,而为世人所怀念和尊敬。1962年,杜甫诞生1250周年,世界和平理事会把他列为世界文化名人。首都北京文艺界于4月17日举行了纪念大会,冯至先生在大会上作了题为《纪念伟大的诗人杜甫》的专题报告。邮电部于5月25日发行了这套纪念邮票。以两幅画面及画面上的两副对联,概括描述了杜甫的一生,以示对伟大诗人的缅怀和纪念。

邮票解析

图2-1【杜甫草堂碑亭】杜甫草堂坐落在四川省成都市西郊浣花溪畔,即"万里桥西宅,百花潭北庄"。那里溪流环绕,水光潋滟,林木葱茏,景色宜人。安史之乱后,杜甫于公元759年(唐乾元二年)岁末辗转流离到成都。曾暂住在浣花溪寺里,在表弟王十五司马及朋友们的帮助下,在城西七里浣花溪畔找到一块空地,营建起一座十分简陋而并不坚固的茅屋,作为栖身之所。草堂原宅在中唐后已不复存在。北宋元丰年间,开始重建。元明清历代都曾改建修葺。邮票画面即为翠竹掩映下的草堂碑亭,两侧对联为朱德于1957年2月28日所题:"草堂留后世,诗圣著千秋",现悬挂在诗史堂内。杜甫寓居草堂,结束了他十载长安,四年流徙,兵戈扰壤,动荡不安的生活,而暂得休息。转眼四年的草堂茅屋生涯,他写诗达240多首,留下了"茅屋为秋风所破歌"等千古

杜甫草堂碑

图2-2【杜甫像】杜甫于唐睿宗先天元年（712）生于河南巩县。他所处的时代，正是唐代从兴盛转向衰落的一个急剧转变的时期。当时，封建社会的矛盾加剧，统治集团内部日益腐败，终于爆发了"安史之乱"。在那兵荒马乱的动荡年代，杜甫卷入了颠沛流离的人群之中，他有机会耳闻目睹和亲身体验劳动人民的苦难生活，对他所经历的时代和所处的社会有更加深刻的观察和了解，从而使他的诗作能够选择具有普遍意义的社会题材，反映出封建社会的腐朽和丑恶。如《自京赴奉先县咏怀五百字》《北征》《丽人行》和"三吏""三别"等，都深刻地反映出劳动人民的血和泪。他那忧国忧民的泪是一直流到他死去的前夕，他从不消极退缩，他无时无刻不希望有一天政治能够清明，人民能安居乐业；他锲而不舍，一再地写出像"不眠忧战伐，无力正乾坤"那类的诗句；对人民，他永远敞开着博大的胸怀。邮票画面即为矍铄清隽的杜甫画像，两侧对联为郭沫若所题："世上疮痍诗中圣哲；民间疾苦笔底波澜"。现亦悬挂在杜甫草堂的诗史堂内，这副对联高度评价了杜甫的一生。

杜甫像

梅兰芳舞台艺术

发行日期：1962.8.8、1962.9.15（M）

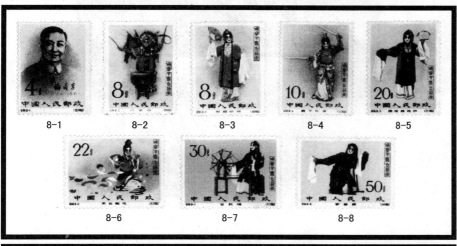

8-1 8-2 8-3 8-4 8-5

8-6 8-7 8-8

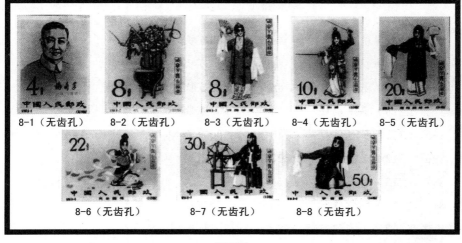

8-1（无齿孔） 8-2（无齿孔） 8-3（无齿孔） 8-4（无齿孔） 8-5（无齿孔）

8-6（无齿孔） 8-7（无齿孔） 8-8（无齿孔）

（纪94）

（纪94 小型张）

8-1	（307）梅兰芳像	4分	400万枚
8-2	（308）抗金兵	8分	800万枚
8-3	（309）游园惊梦	8分	800万枚
8-4	（310）霸王别姬	10分	400万枚
8-5	（311）穆桂英挂帅	20分	300万枚
8-6	（312）天女散花	22分	150万枚
8-7	（313）生死恨	30分	150万枚
8-8	（314）宇宙锋	50分	150万枚
小型张	（315）贵妃醉酒	3元	2万枚

邮票规格：（8-1至8-5）26.5 mm×36 mm、（8-6至8-8）36 mm×25.5 mm

小型张规格：108 mm×146 mm，其中邮票尺寸：52 mm×62 mm

齿孔度数：（8-1至8-5）11.5×11度、（8-6、8-8）11×11.5度、11.5度（M）、（8-1至8-8）无齿孔

整张枚数：50枚

版　　别：影写版

设计者：孙传哲、吴建坤（M）

印刷厂：北京邮票厂

全套面值：1.52元、3元（M）

知识百花园

1962年8月8日，即梅兰芳逝世一周年之际，邮电部发行了这套纪念邮票，共8枚，包括梅先生的1张肖像和7个剧目，均为色彩鲜艳明丽的色粉画。同日，发行了同图无齿邮票1套8枚。9月15日，又发行了小型张1枚，为梅先生的舞台剧照。全套邮票，生动地表现了梅兰芳那"铁骨凌寒"的气质和"仙姿香韵"的技艺，从不同方面反映了梅兰芳的舞台艺术成就。

邮票解析

图8-1【梅兰芳像】梅兰芳名梅澜，字畹华、浣华，祖籍江苏省泰州市。1894年农历九月二十四日生于北京的一个梨园世家。

在他毕生的舞台生涯中，为京剧艺术的发展贡献卓著，起到了承前启后的作用。他不但博采众长，继承了前辈艺人创造的表演艺术，而且根据自身的修养和条件，精心钻研，勇于创新，提高和发展了京剧旦角的表演艺术，形成了自己独特的艺术风格，开创了影响深广的"梅派"。1919年至1924年，梅兰芳曾先后两次赴日本演出，开了中国京剧走出国门、享誉海外的先河。1930年，先后在美国的华盛顿、纽约等大城市演出。1935年，又到苏联演出。此后，又相继赴法、德、英、意等国访问演出，所到之处备受称赞，并被美国授予博士学位。抗日战争期间，他全家迁往香港，并蓄须明志，不畏威胁，不顾利诱，拒不为敌伪演出，宁肯过着清贫

的生活，表现了一位富有正义感的艺术家崇高的民族气节。1949年7月，他参加了中华全国文艺工作者第一次代表大会，并当选为中国文联副主席，中国戏剧协会副主席。同年9月，出席了中国人民政治协商会议第一次全体会议。1953年，赴朝鲜访问演出。1955年，中央文化部和全国文联、中国戏剧协会联合举办了梅兰芳、周信芳舞台艺术生活50周年纪念会，授予其荣誉奖状。1956年，两次赴日本演出。1957年，他荣获了国际舞蹈协会颁发的荣誉奖章，成为该会第14位艺术家。1959年，梅兰芳加入了中国共产党。以后，他历任中国京剧院院长、中国戏曲研究院院长、梅兰芳剧团团长，并为1至3届全国人大代表，全国政协常务委员。其代表剧目大部分已入选这套邮票。论著有《梅兰芳文集》《舞台生涯四十年》《梅兰芳演出剧本选》《鼓王刘宝全》等。

图8-2【《抗金兵》】1931年九一八事变后，日寇侵占了我国东北，并继续虎视眈眈，妄图吞并华北及整个中国。为唤起觉醒，激励全国人民的抗日斗志，梅兰芳邀请许姬传和叶恭绰轮流执笔，最后由他审改定稿，将传统剧目《娘子军》改编成《抗金兵》。基本剧情是：南宋初年，金兵南下，疯狂犯境，宋将韩世忠和夫人梁红玉率领大军在金山江面与金兵大战。梁红玉在山上亲自擂鼓助威，后来又带领女兵杀向敌阵，使宋军将士人人奋勇，个个争先，终于将金兵击溃，取得了胜利。这是一部唱、念、做、打并重的戏，梅兰芳演得激昂慷慨，威武雄壮，极为精彩。邮票画面即为梅兰芳扮演梁红玉擂鼓战金山的戏像，在鼓声咚咚中，正准备杀向战阵的场面，表现了抗金女将的一代风姿。

图8-3【《游园惊梦》】是明代著名戏剧家汤显祖的"临川四梦"之一《牡丹亭》中的一折。其基本剧情是：南安太守之女杜丽娘，十分美丽多情，但在封建道德礼教的束缚下，青春被窒息。一天，她偶尔和丫鬟溜到花园去玩，回来便做了一个美丽的梦，梦见与青年柳梦梅的爱情，但醒后周围仍一片冰冷。戏中使用扇子的身段，都有严格的规定，必须和唱腔融为一体，梅先生演得惟妙惟肖，恰到好处。50年代《游园惊梦》被拍成戏曲影片，在全国各地上演，影响很大。邮票画面上即为身穿粉红褶子裙的杜丽娘持扇立像，她唱道："遍青山啼红了杜鹃……听呖呖莺声溜的圆"，表现了一位大家闺秀渴望幸福，追求自由的愿望。

图8-4【《霸王别姬》】这是一部脍炙人口的保留节目，是1922年梅先生和杨小楼根据《千金记》传奇改编创作的。其基本剧情是：公元前202年，楚汉相争

时，楚霸王项羽被韩信十面埋伏围在垓下（今安徽灵璧县东南）。入夜，项羽与爱妃虞姬在营中对饮，面对绝境，便信口作歌道："力拔山兮气盖世，时不利兮骓不逝；骓不逝兮可奈何，虞兮虞兮奈若何！"虞姬在旁听得，已知项王歌意，便起身为项王舞剑作歌："汉兵已略地，四面楚歌声，大王意气尽，贱妾何聊生！"为不拖累项王天亮突围，歌罢便饮剑自刎。其节烈可嘉，流传后世，为人钦佩。梅先生所塑造的虞姬，是一个雍容华贵、美丽大方、兼习文武、多情重义的美人形象。为演好她，梅先生进行了刻意创造和改进，戏中虞姬的扮相，戴的如意冠，便是其一。更为重要的是为了演好戏中的剑舞，梅先生曾买了一把真剑，每天向老师学习一套太极剑。这样，在舞台上把它与武术里的架势有机地结合起来，成为一组准确而优美的舞蹈。邮票画面上即为虞姬在《夜深沉》曲牌里的一个舞剑身段，名为"双剑穿梭"。

图8-5【《穆桂英挂帅》】是梅先生晚年唯一的一部新戏，也是他为国庆10周年的献礼剧目，于1959年根据同名豫剧改编。其基本剧情是：北宋时，西夏入侵，形势危急，但满朝皆碌碌平庸之辈，竟无统兵之将。无奈，宋王想起已息隐家园20年之久的穆桂英。穆桂英回想起久经沙场为国为民建功立业的杨家将，却被昏君奸臣害得走死逃亡的悲惨下场，本不想应召，但最终还是念及国家民族的危亡，而毅然捧印挂帅出征。梅先生在这部戏中推陈出新，他设计了青衣从未用过的夸张而又能适应穿帔的舞蹈动作。在音乐方面，借鉴了《铁笼山》姜维观星，《一箭仇》史文恭考虑战略的《九锤半》打击乐，烘托出强烈的舞台气氛。特别是对于捧印的亮相身段，进行反复推敲练习。同时，用快速匀整的圆场来表现穆桂英谋定而动、胸有成竹的大将风度。邮票画面即为穆桂英捧印下场的亮相，她唱道："难道说我无有为国为民一片心！"表现了这位久经沙场的巾帼老将，决心重整戎装，上阵杀敌的英雄形象。

图8-6【《天女散花》】是梅先生于1917年根据一个佛教故事而改编的古装戏。其基本剧情是：天上的仙女，奉佛祖如来之命，去往毗耶离大城维摩居士的室中散花，以示优宠。我国绘画大师徐悲鸿曾为梅先生画过《天女散花》，诗人罗瘿公曾在上面题了一绝："后人欲识梅郎面，无术灵方更驻颜，不有徐生传妙笔，安知天女在人间。"许姬传为此专门写过一篇短文《徐生妙笔，天女人间》，记述了徐悲鸿作画的经过。这张画作为梅先生戏中的形象，开脸参用西洋写真，衣纹、线

条、勾勒是中国画的画法，部位准确，色彩协调，1950年装入镜框悬挂起来。邮票画面即是按照这幅画上的合掌、蹲身、凤尾飘扬的姿势绘制的，很有敦煌壁画中飞天女神的形象，其动态轻盈，裙裾飘逸，优美生动，升腾自如。梅先生所用的绸带长约3丈，不用小棍拨而改用手舞，难度很大，没有武功根底是演不好的。另外，天女的服装、头饰，都是梅先生参考壁画、古画、石刻上的造型而设计的，给人以美的享受。

图8-7【《生死恨》】是齐如山根据明代传奇《易鞋记》改编的京剧，沿用原名。其基本剧情是：北宋末年，金兵南侵，程鹏举和韩玉娘被掳为奴，结为夫妻。后韩玉娘劝程鹏举逃回故国，以立功杀敌，而玉娘则颠沛流离，经过多年折磨，终于盼到杀退金兵，夫妻才得相见。原剧中是大团圆结局，但梅先生认为，韩玉娘是爱国女子，当时正处在抗战时期，为激发国人斗志，他将该剧结局改为夫妻重逢后，韩玉娘一恸而亡，并把剧名改为《生死恨》，以示当亡国奴的悲惨，并表达对敌人的憎恨。剧本由许姬传执笔改编，梅先生和琴师徐兰源、王少卿设计唱腔。邮票画面即为"夜诉"中，韩玉娘身穿"富贵衣"在义母家里，坐在台口，手摇纺车，边唱边纺，用二黄各种板式的唱腔，抒发她的爱国思想和凄凉身世，这是全剧的高潮。

图8-8【《宇宙锋》】这是一位无名剧作家编写的一部弱女子戏弄奸臣赵高（她的父亲），在金殿上斥骂昏君秦二世的传统剧目。其基本剧情是：奸相赵高挟嫌陷害女婿匡扶一家，其女赵燕蓉帮助其夫逃走。秦二世见燕蓉貌美，欲纳为妃，燕蓉临危不惧，在她的一个哑巴丫鬟示意下，在金殿上装疯作傻，嬉笑怒骂，昏君信以为真，燕蓉才得幸免。这本是一部以唱功为主的戏，表情、身段呆板简单，装疯作癫的身段形象也不美观，但是经过梅先生对台词和表演的不断修改，精益求精，使赵燕蓉这个弱女子的形象顿时高大起来，表现了她的威武不屈、正直善良的品格。邮票画面即为赵燕蓉开始装疯时，唱完"倒卧在尘埃地，信口胡言"的一个亮相，使人对她寄予无限同情，对昏君奸相无比痛恨。

小型张【《贵妃醉酒》】这是我国早年的一个传统剧目。1914年，梅先生从路三宝那里学得，经过他的修改，以后便成为他经常上演的剧目之一。其基本剧情是：唐明皇事先约好杨贵妃夜游御花园，在百花亭饮宴，但临时他却驾转西宫，去了梅妃那里，杨贵妃因而抑郁不欢，就在亭中独饮，宫娥太监轮流进酒，竟至酩酊大醉。醉态中她命高力士去请唐明皇来此共饮，高力士不敢去，贵妃在极度怨恨之中，默然返宫。《贵妃醉酒》是一出花旦主演的古典歌舞剧，戏中的表情、歌舞、对白都极为繁重。但梅先生在演出中却准确地掌握了杨贵妃的身份、性格、气质和复杂微妙的感情变化，特别是梅先生运用三种不同的饮酒动作，把戏中的层次逐步展现出来并推向高潮。开始时，杨贵妃听说唐明皇已去了西宫，尽管内心不满，但又怕宫人窃笑，因而强自作态，维持尊严，便掩袖而饮。接着，酒入愁肠，未免妒意横生，怨忧浮面，这时饮酒便不再掩袖。最后，因借酒浇愁，饮酒过量，又不能自制，便面带笑容，一饮而尽，陷入醉意之中，这时便忘掉了尊严，随便而饮了。以后，便进入了邮票画面上的醉人醉态：杨贵妃执意让高力士去请唐明皇，高力士就是不敢去。在这里，早年有一些低级庸俗的身段，经过梅先生修改后，变为多姿多彩的优美舞蹈动作，表现了杨贵妃飘飘然站不稳的娇妍姿态，生动地刻画出醉杨妃的造型美。

　　这枚小型张的主图是1956年夏，梅先生以"中国访日京剧代表团"总团长的名义，在东京、福冈、名古屋、京都、大阪等地访问演出时在舞台现场拍摄的彩色剧照。团员86人是由中国京剧团、梅兰芳剧团的成员组成的。剧中的高力士原由肖长华扮演，但因他年事已高而未去，此角便由他的学生孙盛武扮演。主图背景使用了棕黑色，使人物形象更为突出，并富有舞台气氛。小型张的边框用天蓝色作底，绘有白色的图案花纹，使整个画面清新淡雅，富有民族特色和戏剧气氛。

马克思诞生一四五周年

发行日期：1963.5.5

3-1　　　　　　3-2　　　　　　3-3

（纪98）

3-1 （326）马克思像　　　　　　　8分　600万枚

3-2 （327）全世界无产者联合起来　8分　600万枚

3-3 （328）马克思和恩格斯　　　　8分　600万枚

邮票规格：27.5 mm×48 mm

齿孔度数：11.5度

整张枚数：50枚

版　别：影写版

设计者：孙传哲

印刷厂：北京邮票厂

全套面值：0.24元

为纪念马克思诞生145周年，邮电部发行了这套邮票。以3幅画面展示了马克思的伟大贡献和与恩格斯的共同战斗生活。

图3-1【马克思像】邮票主图为马克思的侧面半身画像。在这个世界上，资本主义私有制的丧钟已经敲响了。第一次是1917年在俄国，以后是在许多其他国家，其中包括马克思的祖国。资本主义私有制由社会主义的社会所有制来代替了，剥夺者被剥夺了。事实表明，马克思的科学预见应验了。邮票画面即展现了这位伟大的科学共产主义创始人，全世界无产阶级的导师和领袖的风采。

图3-2【全世界无产者联合起来】在1848年出版的《共产党宣言》封面上，醒目地书写着这一句战斗的口号。它是由马克思最先提出，是马克思和恩格斯向全世界无产者发出的伟大号召，表明了共产主义运动的国际性质。"工人没有祖国"，世界各国的无产阶级和劳动人民，不分种族，不分肤色，在这一口号下团结起来，共同奋斗，为了共产主义到明天。邮票画面突出了这句口号的伟大意义，更加显示出马克思及其学说的光辉和不朽。

图3-3【马克思和恩格斯】邮票主图为马克思和恩格斯正在研究和商量工作。经常和恩格斯商讨问题，对马克思来说是不可缺少的。在共同的事业中，不管两人中的哪一个，在给其他国家的战友们出主意的时候，总是两人一起考虑给以什么样的建议、指示以及批评（如果必要的话）。如果没有这种合作，就不能满足国际工人运动蓬勃发展的需要。邮票画面展示了他们水乳交融的工作情景，充分说明了马克思和恩格斯的事业是一个整体。

儿　童

发行日期：1963.6.1

12-1	12-2	12-3	12-4
12-5	12-6	12-7	12-8
12-9	12-10	12-11	12-12

（特54）

12-1	(267)	全神贯注	4分	252.5万枚
12-2	(268)	糖葫芦	4分	255万枚
12-3	(269)	汽车与交通警	8分	522.5万枚
12-4	(270)	春风	8分	532.5万枚
12-5	(271)	知音	8分	445万枚
12-6	(272)	心满意足	8分	505万枚
12-7	(273)	小红花	8分	441.25万枚
12-8	(274)	书包与鞋	8分	512.5万枚
12-9	(275)	玩沙	10分	175万枚
12-10	(276)	小球迷	10分	175万枚
12-11	(277)	手巧心灵	20分	127.5万枚
12-12	(278)	春天来了	20分	125万枚

邮票规格：21.5 mm × 43.5 mm

齿孔度数：12.5度

整张枚数：50枚

版　别：胶版

设计者：万维生

印刷厂：上海市印刷一厂

全套面值：1.16元

知识百花园

为反映新中国少年儿童在党的阳光雨露下茁壮成长的面貌，邮电部于1963年儿童节，发行了这套《儿童》特种邮票。12个画面揭示了新中国少年儿童生活的美满与幸福。这套邮票同时发行了无齿票。发行量总数为4000万枚，其中有齿孔票3940万枚，无齿孔票60万枚。

图12-1【全神贯注】邮票画面为一个小男孩，身穿海军童装，蹲在地上，正聚精会神地注视着陀螺飞速旋转的情景。

图12-2【糖葫芦】邮票画面为一个小男孩，头戴虎头帽，身背小挎包，正津津有味地品尝糖葫芦的神态。

图12-3【汽车与交通警】邮票画面为一个小男孩，手持指挥棒，站在安全岛，正准备指挥小汽车通过的场面。

图12-4【春风】邮票画面为一个小女孩，穿着厚厚的冬装，扎着两个小红蝴蝶结，正兴高采烈地玩着风车的情景。

图12-5【知音】邮票画面为一个小男孩，趴在地上，用两只小手垫着下颏，正顽皮地欣赏着笼子里的蝈蝈鸣叫。

图12-6【心满意足】邮票画面为一个小男孩，身佩宝剑，健步疾行，威风凛凛的壮士形象。

图12-7【小红花】邮票画面为一个小女孩，头戴花环，跪在地上，正在聚精会神地仔细绣花的场面。

图12-8【书包与鞋】邮票画面为一个小男孩，手提心爱的小书包和一双新鞋，打着雨伞免受雨淋的情景。

图12-9【玩沙】邮票画面为一个小女孩，坐在沙堆上，左手拿铲，右手提桶，认真玩耍的场面。

图12-10【小球迷】邮票画面为一个小男孩，左手拿球，右手持拍，目视前方，沉着老练，正准备把乒乓球发出去时的神态。

图12-11【手巧心灵】邮票画面为一个小女孩，坐在地上，面对小石板上"2+5=？"的算术题，正专心致志进行思考计算时的情景。

图12-12【春天来了】邮票画面为一个小男孩，在万物复苏的春天里，正准备把手上的一只大风筝，放飞到蔚蓝天空中去的神情。

人民公社女社员

发行日期：1964.3.8

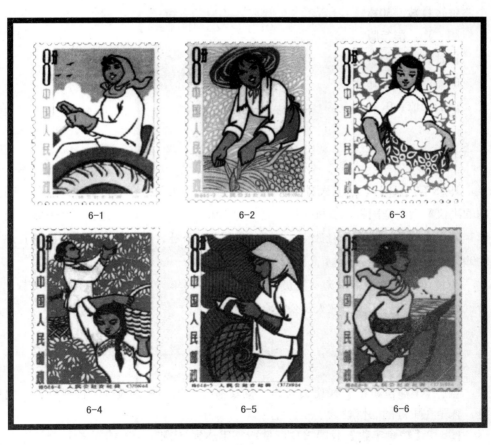

6-1　　　　　6-2　　　　　6-3

6-4　　　　　6-5　　　　　6-6

（特64）

认识邮票中的古今人物 1

6-1 （368）拖拉机手　　8分　600万枚

6-2 （369）粮食丰收　　8分　600万枚

6-3 （370）棉花丰收　　8分　600万枚

6-4 （371）果子丰收　　8分　400万枚

6-5 （372）学习　　　　8分　600万枚

6-6 （373）民兵　　　　8分　600万枚

邮票规格：26.5 mm×36 mm

齿孔度数：11.5×11度

整张枚数：50枚

版　　别：影写版

设计者：卢天骄

印刷厂：北京邮票厂

全套面值：0.48元

知识百花园

1958年9月10日，《人民日报》刊登了《中国中央关于在农村建立人民公社问题的决议》后，全国各地农村一哄而起，形成大办人民公社的高潮。到10月底，全国74万多个农业生产合作社改组为2.6万多个人民公社，参加公社的农户占总农户的99%以上，8亿农民走上了人民公社化的道路。

为宣传人民公社中广大女社员的作用，在1964年"三八"国际劳动妇女节之日，邮电部特发行了这套《人民公社女社员》邮票。

邮票解析

图6-1【拖拉机手】邮票画面为一位女拖拉机手，正兴致勃勃地操纵着方向盘，奔驰在田野间的情景。

图6-2【粮食丰收】我国粮食产量1958年达到2亿吨，1964年亦维持在这个水平上，油料为400万吨左右。邮票画面即为一位女社员正在收获小麦，其辛勤的汗水换来丰硕的成果，洋溢着喜悦的情景。

图6-3【棉花丰收】我国开始棉花种植，约在公元前2世纪左右，从中亚传入新疆和西北等省，从缅甸传入云南，再进入闽、广等地，1964年产量达330多万吨。邮票画面即为一位女社员正在采摘棉花的场面。

图6-4【果子丰收】我国各种果品产量1964年达到300多万吨。邮票画面为两位女社员正在繁茂的果林采摘水果的情景。

图6-5【学习】新中国成立后，党和国家极为重视教育事业，到1964年，在校学生总数已达1亿2千多万人，其中小学生达到1亿多人，中等学校学生1400多万，大学生也增到60多万。同时，国家又在全国城乡广泛开展了成人教育和扫盲运动，使国民文化水平得以迅速提高。邮票画面为一位年青女社员正手捧书本认真学习的情景。

图6-6【民兵】我国民兵配合人民解放军和公安机关，在保卫国家安全、严厉打击刑事犯罪活动中成绩显著，已成为人民解放军的有力助手和强大后备力量，其中农村女民兵也发挥了重要作用。邮票画面为一位女社员全副武装守卫海防的情景。

女拖拉机手

弗·伊·列宁诞生九十五周年

发行日期：1965.4.22

（纪111）

1-1 （356）伟大的革命导师列宁　　8分　　500万枚

邮票规格：26.5 mm×36 mm

齿孔度数：11.5×11度

整张枚数：50枚

版　别：影写版

设计者：张克让

印刷厂：北京邮票厂

全套面值：0.08元

列宁主义被称为"帝国主义和无产阶级革命时代的马克思主义"。它最早是由斯大林命名的，是列宁在20世纪初形成的思想体系。列宁主义是在俄国实践的基础上对马克思主义基本理论的修订和补充。

列宁主义同马克思主义的其他流派相比，最大的特征就是其"无产阶级专政"的理论。19世纪末20世纪初，国际共产主义运动在"如何取得政权"和"无产阶级政权如何治理国家"两个问题上出现了重大分歧。以考茨基为代表的一派认为，无产阶级政党应当致力于合法斗争（即在资产阶级议会中进行议会斗争），在取得政权之后可以保留所谓的民主制度。而列宁为代表的另一派则认为，无产阶级政党寻求所谓的合法斗争的努力必然有使其修正主义化的可能，无产阶级取得政权在帝国主义阶段只能通过暴力革命的手段，而在取得政权之后，不应当保留资产阶级民主制度，而应实施无产阶级专政，在无产阶级获得政权之后，即使一国的资产阶级已经不存在，仍然有必要采取专政的方式保卫无产阶级政权。

在列宁诞生95周年之际，邮电部发行了这套纪念邮票，他身体前倾，目光炯炯，推动着俄国和世界革命的洪流滚滚向前。

少年儿童体育运动

发行日期：1966.2.25

8-1   8-2

8-3   8-4

8-5   8-6

8-7   8-8

（特72）

8-1 (411)踢小足球　　　　4分　　　750万枚

8-2 (412)赛跑　　　　　　4分　　　750万枚

8-3 (413)冰上运动　　　　8分　　　950万枚

8-4 (414)体操　　　　　　8分　　　950万枚

8-5 (415)游泳　　　　　　8分　　　600万枚

8-6 (416)射击、旗语　　　8分　　　600万枚

8-7 (417)跳橡皮筋　　　　10分　　　200万枚

8-8 (418)打乒乓球　　　　52分　　　200万枚

邮票规格：56.5 mm×23mm

齿孔度数：11度

整张枚数：50枚

版　别：影写版

设计者：卢天骄

印刷厂：北京邮票厂

全套面值：1.02元

知识百花园

　　新中国成立后，全国成立了从中央到地方的各级体育运动委员会，在"发展体育运动，增强体育训练"方针的指导下，全国举办了各种少年儿童运动项目比赛，如1965年就曾举行过全国性少年足球、排球、篮球、乒乓球、跳水、游泳、体操以及全国青少年射击、航模等多种赛会。1966年2月，又在北京举行了全国21个单位女子少年乒乓球锦标赛等等，新中国少年儿童体育运动得到蓬勃开展。

　　邮电部发行的这套《少年儿童体育运动》特种邮票，8幅画面集中反映了少年儿童运动的开展情况。

第1图【踢小足球】邮票画面为一幅小足球比赛的场面。

第2图【赛跑】邮票画面为儿童赛跑的场面，小弟弟、小妹妹正为其加油助威。

第3图【冰上运动】邮票画面为儿童正在进行滑冰和推雪橇的场面，多么自由、欢乐。

第4图【体操】邮票画面描绘了小姑娘正在进行分腿劈叉的体操运动。

第5图【游泳】邮票画面描绘了少年儿童在水中游泳、玩耍小船模型的情景。

第6图【射击、旗语】邮票画面描绘了少年儿童练习射击的场面。

第7图【跳橡皮筋】邮票画面描绘了一群小女孩正在玩跳橡皮筋游戏的场面。优美的姿态、灵巧的动作表现了儿时的欢乐和纯洁。

第8图【打乒乓球】邮票画面描绘了正进行一场少年女子乒乓球单打比赛的场面。

集邮小知识

邮票的质量

从广义上讲，邮票质量包括选题、设计、印刷、版式；从狭义上讲，主要指选题。邮票的选题如果是热门选题，必然会导致需求量增大。如生肖题材、古典名著题材、名家名画题材、风光题材、花卉题材等，相应要比一般的题材升值快且幅度大，因而投资价值也就提高。如T89"仕女图"小型张发行量为103万枚，中国集邮总公司1997价目定为750元；而面值相同、发行时间又比它早一年的T79"益鸟"小型张，虽然发行量仅为101万枚，但中国集邮总公司1997价目仅为280元。尽管此价已是面值的140倍，但比起"仕女图"的375倍升幅，还是大为逊色。这是因为中国邮票的热门题材如古典文学、名画系列邮票一直是市场上的热点，其他动、植物邮票均不及它们。类似的情况还有，T135"马王堆"和T151"铜车马"均不如T162"杜鹃花"等。纵观各种发行量相近的邮票，质量效应是构成邮票升值的重要因素。此外，设计、印刷较好，也能提高题材的含金量，从而推动其价值的上扬。

孙中山诞生一百周年

（纪120）

1-1 （390）孙中山像　　　8分　　　380万枚

邮票规格：26.5 mm × 36 mm

齿孔度数：11度

整张枚数：50枚

版　别：影写版

设计者：杨白子

印刷厂：北京邮票厂

全套面值：0.08元

孙中山是我国资产阶级民主革命的先行者，伟大的民主主义革命家，中华民国的创始人，他全心全意地为了改造中国而耗费了毕生的精力，鞠躬尽瘁，死而后已。在他诞生100周年之际，为了纪念他，邮电部发行了这套邮票，以他的肖像为画面，再现了这位伟大历史人物的风采。

1966年11月12日，北京万人集会，隆重纪念伟大的革命先行者孙中山诞生100周年。刘少奇出席大会，周恩来讲了话，宋庆龄发表了题为《孙中山——坚定不移、百折不挠的革命家》的长篇讲话。会后，又相继出版了《孙中山选集》和《宋庆龄选集》。

纪念我们的
文化革命先驱鲁迅

发行日期：1966.12.31

（纪122）

3-1　（395）毛主席对鲁迅的评价　　8分　600万枚

3-2　（396）鲁迅像　　　　　　　8分　600万枚

3-3　（397）鲁迅手书　　　　　　8分　600万枚

邮票规格：27.5 mm×48 mm

齿孔度数：11.5度

整张枚数：（3-1、3-3）50枚、（3-2）40枚

版　　别：（3-1、3-3）影雕版、（3-2）影写版

设计者：刘硕仁、孙明春

雕刻者：孔绍惠

印刷厂：北京邮票厂

全套面值：0.24元

知识百花园

1966年10月18日，《人民日报》发表社论，题为《纪念我们的文化革命先驱鲁迅》。10月30日，北京各界7万余人在工人体育馆举行纪念鲁迅逝世30周年大会。12月31日，邮电部也为纪念鲁迅逝世30周年发行了这套邮票。

邮票解析

图3-1【毛主席对鲁迅的评价】画面为毛泽东在1940年1月发表的《新民主主义论》一文中，对鲁迅评价的一段话："鲁迅是中国文化革命的主将，他不但是伟大的文学家，而且是伟大的思想家和伟大的革命家。鲁迅的骨头是最硬的，他没有丝毫的奴颜和媚骨，这是殖民地半殖民地人民最可宝贵的性格。鲁迅是在文化战线上，代表全民族的大多数，向着敌人冲锋陷阵的最正确、最勇敢、最坚决、最忠实、最热忱的空前的民族英雄。鲁迅的方向，就是中华民族新文化的方向。"

图3-2【鲁迅像】画面为1930年9月25日鲁迅50生辰时摄于上海"阳春堂"照相馆的一幅半身像。现在这张照片收入文物出版社出版的《鲁迅》照片集内。原照有鲁迅亲笔题词："鲁迅一九三〇年九月二十四日照于上海，时年五十。"9月24

日是阴历八月初三，为鲁迅的生日，因此鲁迅记的日子是9月24日，而实际拍于25日。该日鲁迅在日记中写道："二十五日，午后同广平携海婴往阳春堂照相。"这是鲁迅颇为满意的一张照片，反映了他的内涵和气质。

图3-3【鲁迅手书】邮票画面为鲁迅的"横眉冷对千夫指，俯首甘为孺子牛"两句诗的手迹及亲笔签名。诗句选自1932年10月12日他写的一首题为《自嘲》的旧体诗中，并赠送给著名爱国人士柳亚子先生。时值日寇侵略中国，黑暗统治日趋严重，诗中表达了他不屈不挠的斗志，抒发了他的战斗豪情。特别是这两句诗，充分表达了鲁迅鲜明的爱憎，是他战斗一生的真实写照，早已成为举世皆知的不朽名句。

毛泽东主席的好战士——刘英俊

发行日期：1967.3.25

6-1　　　　6-2　　　　6-3

6-4　　　　6-5　　　　6-6

（纪123）

6-1	（398）刘英俊像	8分	600万枚
6-2	（399）努力学习毛泽东思想	8分	600万枚
6-3	（400）坚决贯彻毛泽东思想	8分	600万枚
6-4	（401）积极宣传毛泽东思想	8分	600万枚
6-5	（402）勇敢捍卫毛泽东思想	8分	600万枚
6-6	（403）为人民利益而死就比泰山还重	8分	600万枚

邮票规格：26.5 mm×36 mm

齿孔度数：11.5×11度

整张枚数：50枚

版　别：影写版

设计者：孙传哲

印刷厂：北京邮票厂

全套面值：0.48元

知识百花园

　　刘英俊（1945～1966）出生在吉林省长春市郊区的一个农民家庭。上学时曾多次被评为优秀少先队员，受到市、区共青团组织的表扬和奖励。1962年他参加了中国人民解放军，为沈阳部队某部炮连战士。1966年3月15日，他和几名战士驾驶炮车去执行任务途中，在黑龙江省佳木斯市郊一个公共汽车站附近，因驾车的马被汽车喇叭震惊，向行人冲去。刘英俊紧紧拉住马缰绳，使马车拐向一条小路，但小路上竟站着6名被吓呆的儿童，就在这千钧一发之际，刘英俊奋不顾身，趁惊马前蹄腾空时，伸双脚将马后腿踹倒，炮车翻了，儿童得救了，但刘英俊却被压在了车下。最终因负伤过重，光荣牺牲，年仅21岁。

　　刘英俊舍身救人的英雄事迹，很快传遍全国。7月14日，解放军总政治部发出通知，号召全军向刘英俊学习。15日，全国总工会、共青团中央、全国妇联分别发出通知，要求所属各级组织立即掀起学习刘英俊的活动。在英雄的故乡，人们举行了隆重的纪念活动，将其所在的乡改为"英俊乡"，开办了"刘英俊烈士"纪念馆，让烈士的忠魂永远鼓舞着家乡和全国人民为社会主义事业努力奋斗。

这套纪念邮票的第2至5图由沈阳部队政治部供稿，而第6图为战士崔明华创作。以6幅画面描绘了英雄的事迹和精神。同时，也可以看出它强调了这是在毛泽东思想哺育下的结果。

邮票解析

图6-1【刘英俊像】刘英俊身着棉军装的正面头像。

图6-2【努力学习毛泽东思想】刘英俊高举《毛泽东选集》的形象。

图6-3【坚决贯彻毛泽东思想】刘英俊递交"决心书"的形象。

图6-4【积极宣传毛泽东思想】刘英俊正在制作雷锋事迹幻灯片的形象。

图6-5【勇敢捍卫毛泽东思想】刘英俊捍卫毛泽东思想，正在进行批判发言的形象。

图6-6【为人民利益而死就比泰山还重】刘英俊奋勇拦惊马、舍身救儿童的英雄形象。

中国工人阶级的先锋战士——王进喜

发行日期：1972.12.25

（编44）

1-1 （44）铁人王进喜在工作　　8分　1000万枚

邮票规格：30 mm×40 mm

齿孔度数：11×11.5度

整张枚数：50枚

版　别：影雕版

设计者：孙鸿年

雕刻者：孙鸿年

原画作者：大庆工人和上海美术出版社合作

印刷厂：北京邮票厂

全套面值：0.08元

王进喜，1923年生于甘肃玉门。1938年，年仅16岁的他便因家贫而去了玉门油矿当学徒。新中国成立后，他任石油钻井队队长。1956年加入中国共产党。1960年春，为了响应党和国家的号召，他带领1205钻井队参加大庆石油会战。在极其恶劣的自然环境和非常困难的情况下，他以大无畏的革命精神迎难而上，"有条件要上，没有条件创造条件也要上"，为了迅速地彻底改变我国石油落后的面貌，他提出"宁可少活20年，拼命也要拿下大油田"。他吃大苦，耐大劳，和钻井队全体队员齐心协力，克服重重困难，取得突出成绩，为发展我国石油工业作出了重大贡献，被广大群众誉为"铁人"。1964年出席第三届全国人民代表大会。1968年5月任大庆革命委员会副主任。1969年4月1日，他光荣地出席了中国共产党第九次全国代表大会，并当选为中央委员。在这次会议期间，王进喜受到毛泽东及其他一些国家领导人的亲切接见，周恩来总理高度评价和赞扬了他的革命精神。1970年11月15日，他因患胃癌在北京病逝，终年47岁。

为纪念我国石油自给自足10周年，交通部邮政总局发行了这套邮票，画面描绘了在数九隆冬的北大荒，王进喜手握刹把傲然挺立在井台上进行石油钻探的情景。在他那厚厚的棉袄口袋里，装着毛泽东的《矛盾论》和《实践论》，表示大庆工人是靠"两论"起家的。邮票画面是依据大庆和上海的美术工作者所创作的原画进行设计的。

集邮小知识

邮票的面值

在早期邮票全是4分和8分面值的套票中，较同期的含有高值票（指当时国际邮资的60、70分邮票）升幅要大。面值高的小型张又不如面值低的升幅大，"四运会"小型张和"国徽"小型张，两者发行量均为20万枚，面值前者是2元，后者1元，现在价格同为280元，但计算升值幅度后者显然是前者的2倍；面值2元的"水浒（一）"小型张和面值3元的"三国（一）"小型张也是如此，在发行10年后价格同时达到180元，显然面值低的"水浒（一）"升幅要高于面值高的"三国（一）"。编年票中的低值套票不管质量如何，大多能保住面值，而高值套票则大多难逃打折厄运。

中国妇女

发行日期：1973.3.8

（编63-65）

3-1 （63）矿山新兵　　8分　　1000万枚

3-2 （64）女委员　　　8分　　1000万枚

3-3 （65）海燕　　　　8分　　1000万枚

邮票规格：30 mm×40 mm

齿孔度数：11×11.5度

整张枚数：50枚

版　别：影写版

设计者：张源、杨白子

印刷厂：北京邮票厂

全套面值：0.24元

为庆祝"三八"国际劳动妇女节，反映中国妇女在各行各业所发挥的"半边天"的作用，交通部邮政总局发行了这套邮票。3幅画面突出描绘了"文革"期间的工农兵妇女形象。

邮票解析

图3-1【矿山新兵】 20世纪70年代，我国不少地区确有女职工自愿从事井下生产劳动，如井下变电所、井下绞车司机、井下电机车司机、井下仓库保管员、井下运输辅助工等，她们的突出表现常常受到宣传和表扬。这枚邮票画面即反映了我国"文革"期间女矿工在煤炭生产中的作用和贡献。但是，针对女职工的生理特点和特殊的劳动环境，"文革"结束后，国家制定了一系列法律规定，强化了对女职工的特殊保护。1993年5月1日起实施的《矿山安全法》中，第四章第二十九条规定："矿山企业对女职工按照国家规定实行特殊劳动保护，不得分配女职工从事矿山井下劳动。"其中，矿山企业的女工程师、女技术管理员如因工作需要去井下处理一些技术问题，或收集一些专业技术数据等，不在此限。在《妇女权益保障法》中也有明确规定。因此，在我国不宜再作类似宣传。

图3-2【女委员】 "文革"中后期，各级"革命委员会"纷纷成立，作为政权机构，特别强调女同志要在委员数额中占有一定的比例。既体现男女平等，也发挥妇女的作用。邮票画面即展示了一位女委员的形象。她的办公桌上放着一份《农业学大寨的规划书》，表明这是一位农民女委员。

图3-3【海燕】 海燕为一种小型海鸟，其特点是勇于在惊涛滚滚的海面上，迎着疾风暴雨飞翔，是勇敢的象征。邮票画面展示了一位女通信兵在暴风雨中抢修电话线路的形象，她如在大海中翻飞的海燕，表现了解放军女战士的勇敢和矫健。

儿童歌舞

发行日期：1973.6.1

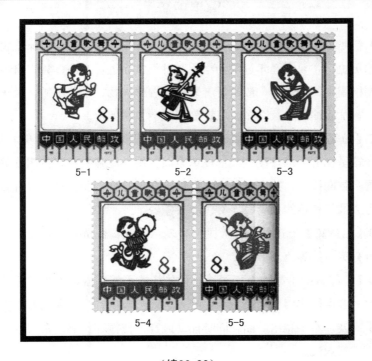

（编86-90）

5-1	(86)	秧歌舞(汉族)	8分	1000万枚
5-2	(87)	拉马头琴(蒙古族)	8分	1000万枚
5-3	(88)	哈达舞(藏族)	8分	1000万枚
5-4	(89)	手鼓舞(维吾尔族)	8分	1000万枚
5-5	(90)	长鼓舞(朝鲜族)	8分	1000万枚

邮票规格：30 mm×40 mm

齿孔度数：11.5×11度

整张枚数：50枚

版　　别：影写版

设计者：吴建坤

印刷厂：北京邮票厂

全套面值：0.40元

邮票解析

图5-1【秧歌舞】秧歌是流行于我国北方的一种民间舞蹈，起源于农业劳动，有着悠久的历史。主要是逢年过节为增添节日气氛而进行表演，舞姿自由、即兴，动作也无严格固定的规范。一般是舞者装扮成各种人物，手持手帕、扇子、彩绸等道具而舞，参加表演的人数众多，以锣鼓、唢呐、钹伴奏。

图5-2【拉马头琴】马头琴是蒙古族传统的民间拉弦乐器。琴身木制，长约1米，共鸣音箱呈梯形，以马皮或其他皮革蒙面。用马尾弦两束，按四度关系定弦，以马尾弓置两弦间拉奏。其发音圆润，低回婉转，音量较弱，可奏双音和泛音。马头琴是蒙古族最具特色的独奏、伴奏、合奏乐器。

图5-3【哈达舞】哈达是藏族人民用来表示敬意和祝贺的长条丝巾或纱巾，多为白色，也有黄、蓝等色。

图5-4【手鼓舞】手鼓是维吾尔族一种传统的民族乐器，称为"达甫"。它有数种，但常用者直径约44厘米，在木框的一边蒙上羊皮，框内环列着小铜环，演奏时，用左手执鼓，右手拍击鼓面，同时摇动鼓身，使铜环作响，常用于合奏或舞蹈伴奏，极为热烈欢快。

图5-5【长鼓舞】长鼓亦叫"杖鼓"，是朝鲜族的一种传统民间乐器。长约70厘米，鼓身圆筒形，木制，中段细实，两端粗空，用绳绷皮做鼓面。演奏时，挂在胸前或放在木架上，右手执细竹条敲击，左手敲打另一鼓面，两手节奏交错，变化多端，常用于伴奏歌舞或器乐合奏。

新中国儿童

发行日期：1975.12.1

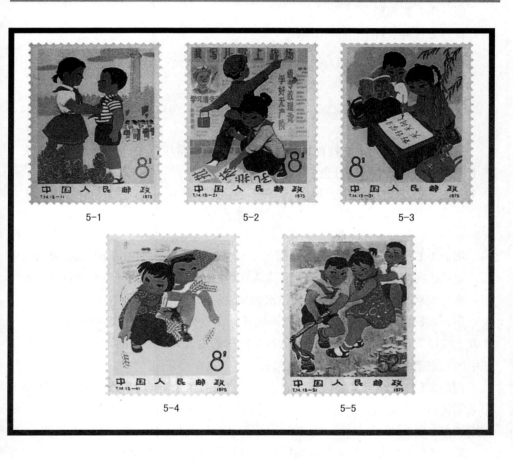

5-1　　　　　5-2　　　　　5-3

5-4　　　　　5-5

（T14）

认识邮票中的古今人物

5-1 授红领巾	8分	1000万枚
5-2 我写儿歌上战场	8分	1000万枚
5-3 好好学习	8分	1000万枚
5-4 热爱劳动	8分	1000万枚
5-5 体育锻炼	52分	200万枚

邮票规格：31mm×38.5mm

齿孔度数：11.5度

整张枚数：50枚

版　　别：影写版

设计者：程传理

印刷厂：北京邮票厂

全套面值：0.84元

知识百花园

这套《新中国儿童》特种邮票，选取了儿童日常生活中的几个侧面，反映了新中国儿童的幸福生活和社会主义制度的无比优越性。

邮票解析

图5-1【授红领巾】邮票画面描绘了一位小学生加入少先队时授红领巾的场面。地点选在神圣的天安门广场，背景为庄严的人民英雄纪念碑，充分表达了新中国儿童将继承革命先烈遗志，成为国家栋梁之材的理想和决心。

图5-2【我写儿歌上战场】邮票画面描绘了少先队员正用儿歌形式编写"我写儿歌上战场"，背景为电影《闪闪的红星》中的主人公潘冬子的剧照，生动表现了新中国儿童要向勇斗敌人的小英雄学习。

图5-3【好好学习】邮票画面描绘了一位梳着羊角辫的小姑娘，正伏在小桌上用毛笔认真书写着这几个大字，表达了新中国儿童正遵循这个精神，刻苦学习，健康成长。

图5-4【热爱劳动】邮票画面描绘了少先队员在农田里捡麦穗的场面，使之养成既珍惜粮食，又热爱劳动的好习惯。

图5-5【体育锻炼】邮票画面描绘了少先队员进行拔河比赛的激烈场面。

纪念中国文化革命的主将鲁迅

发行日期：1976.10.19

3-1　　　　　　　　　3-2　　　　　　　　　3-3

（J11）

3-1　鲁迅浮雕像　　　　　8分　　1000万枚

3-2　永不休战　　　　　　8分　　1000万枚

3-3　学习鲁迅的革命精神　8分　　1000万枚

邮票规格：40 mm×30 mm

齿孔度数：11×11.5度

整张枚数：50枚

版　别：影雕版（3-1）、影写版（3-2、3-3）

设计者：刘硕仁、邓锡清

雕刻者：（1图）孙鸿年

印刷厂：北京邮票厂

全套面值：0.24元

知识百花园

1936年10月19日，鲁迅，这位中国文化革命巨匠，走完了自己战斗的一生，在上海与世长辞。这套纪念邮票是在他逝世40周年时发行的。

邮票解析

图3-1【鲁迅浮雕像】邮票画面为中央美术学院张松鹤教授所创作的鲁迅晚年头部侧面浮雕像。他双目凝视，神态倔强，集中体现了他的睿智和不屈不挠的斗争精神。

图3-2【永不休战】鲁迅的一生，是战斗的一生。他1902年东渡日本学医，以使国人身体强壮，达到救治中华之目的，但他很快就认识到，要救国首要的还是唤起民众觉醒，提高国民觉悟。于是，他便立即弃医从文，立志以文学为武器，改造"国民精神"。从1918年5月，他发表的第一篇划时代的白话小说《狂人日记》，对腐朽没落的封建制度进行了无情的揭露和猛烈的抨击，到他晚年在上海参加组织中国左翼作家联盟，同国民党反动派的御用文人及其他反动文人进行了针锋相对的斗争，粉碎猖狂的文化"围剿"，鲁迅一直站在斗争的最前列。他一生所著杂文近700篇，约有130多万字，记载了他顽强的战斗足迹，成为我国及世界文坛的宝贵遗产。邮票画面为我国著名画家汤小铭创作的油画《永不休战》，描绘了鲁迅晚年在病中依然以惊人的毅力坚持写作的情景，表现了他的战斗风貌。

图3-3【学习鲁迅的革命精神】邮票画面为天津美术学院沈尧伊教授创作的宣传画《学习鲁迅的革命精神》。这幅画的创作背景是为配合当年的"批林批孔"运动。画面以鲁迅的战斗形象为背景，工农兵捧着《鲁迅批判孔孟之道的言论辑录》，以纸笔作刀枪，正在大批判中当"闯将"。实际上，鲁迅的革命精神，绝不仅仅表现在写杂文、搞批判上。"横眉冷对千夫指，俯首甘为孺子牛"，才是鲁迅先生的全部立场和方向。

纪念刘胡兰烈士英勇就义三十周年

发行日期：1977.1.31

3-1   3-2   3-3

（J12）

3-1　刘胡兰烈士像　　　　　　　　8分　1200万枚

3-2　"生的伟大，死的光荣"　　　　8分　1200万枚

3-3　发扬刘胡兰革命精神　　　　　8分　1200万枚

邮票规格：31 mm×52 mm

齿孔度数：11.5度

整张枚数：40枚

版　别：影写版
设计者：叶武林
印刷厂：北京邮票厂
全套面值：0.24元

───────── 知识百花园 ─────────

　　刘胡兰，1932年10月8日出生于山西省文水县云周西村一个贫苦的农民家庭。10岁参加了村儿童团，13岁参加了县委举办的妇女干部训练班，14岁被调往该县五区任妇救会干事，积极组织妇女学习文化、救护伤员等，因表现突出，被吸收为中国共产党预备党员，待年满18岁时再行转正。之后，被派回云周西村担任村妇救会主任，组织和领导群众进行土地改革和支援前线等工作，并被评为"支前模范"。1947年1月12日，山西军阀阎锡山匪军突袭云周西村，刘胡兰没有来得及撤离而被捕。敌人软硬兼施，丝毫没有动摇她那坚强的革命意志，残暴的匪徒便当着刘胡兰和乡亲们的面，惨无人道地用铡刀铡死了6名被捕的民兵。为了保守党的机密，刘胡兰毫无畏惧地走向铡刀面前，这位中华民族的优秀女儿，大义凛然，从容就义，勇敢地献出了她那宝贵而年轻的生命，年仅15岁。同年2月，文水县再度解放，党追认她为中共正式党员。毛泽东亲书"生的伟大，死的光荣"8个大字，高度评价了烈士的壮举和高尚的人生。

　　值此刘胡兰英勇就义30周年之际，邮电部发行了这套纪念邮票，以激励全国人民，珍惜革命成果，建设社会主义。

───────── 邮票解析 ─────────

　　图3-1【刘胡兰烈士像】取材于刘胡兰烈士纪念馆。新中国成立后，党和政府为了纪念刘胡兰烈士，决定修建这座纪念馆。该馆位于文水县城东17千米的云周西村，1957年1月建成，由陈列馆、陵墓和就义旧址组成。在烈士纪念碑后，有烈士事迹陈列馆，馆后为刘胡兰和6位遇难民兵的"七烈士纪念厅"。邮票画面上的刘胡兰烈士全身塑像，为我国著名美术家、雕塑家王朝闻和美术家吕琳两位先生的作品。此全身塑像昂首挺胸，怒视前方，表现了烈士视死如归的不屈形象。塑像后面

有一高台，即为烈士陵墓。墓后右侧有座古庙，是烈士生前工作过及被捕后受到阎匪拷问的旧址。庙前就是烈士就义的地方，现在安放着一个石雕花环，表达了人民对于烈士的深深敬仰和怀念。

图3-2【"生的伟大，死的光荣"】此8个大字为毛泽东手迹，镌刻在刘胡兰纪念馆雄伟壮观的汉白玉纪念碑的碑心，矗立在该馆的中央广场花坛之上。刘胡兰慷慨就义之后，最早报道刘胡兰牺牲的消息是由新华社吕梁分社记者李宏森采写的，当时文章的题目是《女共产党员刘胡兰慷慨就义》，只有400多字。新华社于1947年2月4日向全国播发了这条消息，接着延安《解放日报》和《晋绥日报》先后于2月5日和6日全文转载。刘胡兰牺牲于1947年1月12日，同年2月2日文水县城解放，延安各慰问团于2月4日至18日到文水慰问王震、陈赓两部队。慰问团副团长、我国著名理论家张仲实从《晋绥日报》上看到了刘胡兰就义的悲壮经过，深受感动，他当即向吕梁区委副书记解学恭了解了刘胡兰的事迹，并派人向云周西村的农民作了调查核实。回去后，张仲实在陕北子长县（瓦窑堡）东家寨向当时的中央政治局委员、书记处书记任弼时作了汇报，并转达解学恭要求党中央为刘胡兰题词的意见。张仲实也说："最好请毛主席写个匾，或题几个字。"毛主席听了任弼时的汇报后，于3月26日在窑洞里以沉痛的心情写了8个大字："生的伟大，死的光荣"。遗憾的是，由于战争岁月，辗转颠簸，这幅题词后来失落了。1957年1月12日，是刘胡兰烈士就义10周年的日子。共青团山西省委于1956年12月作出了纪念刘胡兰牺牲10周年的决定，并请毛主席重新为刘胡兰题词。1957年1月11日，毛泽东再次为刘胡兰烈士题写了"生的伟大，死的光荣"8个字。邮票画面即为这次所题手迹。1月12日，新华社向全国播发了山西分社记者采写的有关纪念刘胡兰活动的五条消息。全国各报在转载这些消息的同时，都刊登了毛主席为刘胡兰第二次题词的手迹。

图3-3【发扬刘胡兰革命精神】刘胡兰烈士永垂不朽，刘胡兰的革命精神与世长存。邮票画面以刘胡兰的半身像为背景，描绘了我国各界青少年决心以刘胡兰为榜样，继承烈士遗志，踏着烈士足迹，在各自岗位上为祖国的"四化"大业贡献青春，贡献毕生的形象。

中国人民伟大的无产阶级革命家、杰出的共产主义战士周恩来同志逝世一周年

发行日期：1977.1.8

4-1

4-2

4-3

4-4

4-1 周恩来像	8分	3000万枚
4-2 光辉的榜样	8分	3000万枚
4-3 敬爱的周恩来同志和大庆人在一起	8分	3000万枚
4-4 敬爱的周恩来同志和大寨人在一起	8分	3000万枚

邮票规格：（4-1、4-2）31 mm×52 mm、（4-3、4-4）52 mm×31 mm
齿孔度数：11.5度
整张枚数：40枚
版　　别：影写版
设计者：卢天骄
印刷厂：北京邮票厂
全套面值：0.32元

知识百花园

　　周恩来，字翔宇，曾用名伍豪、少山、飞飞、冠生等。原籍浙江绍兴，1898年3月5日生于江苏淮安。少年时代，他曾在辽宁铁岭读书。1913年进入天津南开中学学习。1917年东渡日本留学。1919年回国，在天津参加五四运动，组织觉悟社，从事反帝反封建的革命活动。1920年至1924年，先后去法国和德国勤工俭学，他在旅欧的中国学生和工人中宣传马克思主义，并发起组织旅欧中国少年共产党（后改称社会主义青年团）。1922年，加入中国共产党，任中国社会主义青年团旅欧总支部书记，并参加中共旅欧总支部的领导工作。1924年秋，他回国参加了第一次国内革命战争，先后担任中共两广区委委员长、黄埔军校政治部主任。1925年2月，担任东征军总政治部主任兼第一军政治部主任，1926年在毛泽东主持的广州农民运动讲习所为第六期学员讲授军事课程。同年冬，被调到上海，任中共中央军事委员会书记兼中共江浙区军事委员会书记。1927年3月，他领导了上海工人第三次武装起义。蒋介石、汪精卫叛变革命后，1927年8月1日，他同朱德、贺龙等组织领导了八一南昌起义，担任前敌委员会书记。1928年，在党的六大上，他当选为中央委员、中央政治局委员，并任中共中央组织部部长、中共中央军事委员会书记等职。在上海坚持地下工作，在国民党统治区内，为建立党的情报、通讯网络，锄奸保卫，支持创建革命根据地，进行了不懈努力。1931年12月，进入江西中央革命根据地，任中共苏区中央局书记、中国工农红军第一方面军政治委员、中央革命军事委员会副主席。1935年1月，在贵州遵义会议上，他坚决支持毛泽东，反对王明，为确立毛泽东在全党的领导地位，挽救红军，挽救革命，起到非常重要的作用。这次会议后，他为中央三人指挥领导小组成员、书记处书记，和毛泽东一起指挥红军作战，胜利完成了二万五千里长征，于1935年10月到达陕北。1936年12月，周恩来任全权代表前往西安，坚持了党的和平解决西安事变的方针，同被捕的蒋介石谈判，促成了抗日民族统一战线。

抗日战争期间，他任中共中央代表和中央南方局书记，长期在国统区进行统一战线工作。1945年8月，他随同毛泽东去重庆，同国民党谈判。《双十协定》签订后，他率领中共代表团留在重庆、南京、上海等地，领导人民民主爱国斗争。1946年11月，周恩来返回延安，任中国人民解放军总参谋长，参加领导了辽沈、淮海、平津等战役，为推翻蒋家王朝，创建新中国，建立了不朽的功勋。

1949年10月1日，中华人民共和国成立后，周恩来一直担任国务院总理，兼任过外交部部长，并任中共中央军委副主席、政协第一届全国委员会副主席、第二届和第三届政协全国委员会主席、历届全国人民代表大会代表。从党的五大起，当选为历届中央委员会委员。党的八七会议上，当选为中央政治局候补委员。党的六大以后，当选为历届中央政治局委员。党的六届五中全会、七届一中全会上当选为中央书记处书记。党的八届、九届和十届一中全会上当选为中央政治局常委。党的八届和十届一中全会上当选为中央委员会副主席。新中国成立以来，担负着党和国家日常事务的繁重任务，为把我国建设成为强大的社会主义国家，他和毛泽东、朱德、刘少奇、邓小平等国家领导人一起，制定了党的社会主义建设路线、方针和政策，进行了精心的规划和巨大的组织工作。1954年，在国际事务中倡导了著名的和平共处五项原则。1955年4月，率领中国代表团去印尼万隆出席第一次亚非会议，他高举团结反帝的旗帜，坚持求同存异、协商一致的原则，使会议通过了万隆会议十项原则决议，增进了亚非各国的友谊和团结。1961年，率领中共代表团出席苏共二十二大，对赫鲁晓夫集团分裂共产主义运动的行为进行了坚决斗争。事实表明，周恩来在国际事务中，对于提高中国国际声望、反对霸权主义、支持第三世界和维护世界和平，都作出了巨大贡献。1976年1月8日，周恩来因病在北京逝世。

在他逝世一周年之际，邮电部发行了这套纪念邮票，再次表达了全国人民对他的深切怀念和无限崇敬。

邮票解析

图4-1【周恩来像】邮票画面为周恩来中年时期的一幅画像，不仅表现了周恩来美男子之风韵，更重要的是表现了一位伟大政治家的内涵和气质，显示出周恩来的坚定和仁爱。实际上，他不仅具有过人的智慧，而且也极富幽默感。

图4-2【光辉的榜样】邮票画面为周恩来在党的十大作政治报告时的一幅照片。党的十大于1973年8月24日至28日在北京召开。毛泽东主持了大会，周恩来代表中央委员会作政治报告。周恩来这时已身患重病，但他对党和国家的前途、命运深怀忧虑。

图4-3【敬爱的周恩来同志和大庆人在一起】邮票画面为周恩来和大庆油田的"铁人"王进喜亲切握手的照片。"铁人"王进喜受到周总理的接见，体现了党和国家对石油工业的重视及对石油工人的期待。

图4-4【敬爱的周恩来同志和大寨人在一起】邮票画面为周恩来和大寨大队的几位女社员在一起的照片。

中国人民伟大的无产阶级革命家朱德同志逝世一周年

发行日期：1977.7.6

(J19)

4-1 朱德委员长像	8分	3000万枚
4-2 毕生精力献革命	8分	3000万枚
4-3 为实现共产主义的伟大理想奋斗终生	8分	3000万枚
4-4 革命的老英雄	8分	3000万枚

邮票规格：（4-1、4-2）31 mm×52 mm、（4-3、4-4）52 mm×31 mm

齿孔度数：11.5度

整张枚数：40枚

版　别：影写版

设计者：任宇

印刷厂：北京邮票厂

全套面值：0.32元

知识百花园

　　朱德，原名朱代珍，字玉阶，祖籍广东韶关，1886年12月1日（农历冬月初六）生于四川仪陇县马鞍场琳琅寨李家湾一个佃农家庭。他1906年入四川顺庆府（今南充市）中学堂。1907年入四川高等学堂附设在成都的体育学堂，他愤恨当局，探讨时政，开始接受民主革命思想。1909年入云南陆军讲武堂，不久加入孙中山领导的同盟会，参加辛亥革命活动。1915年，在云南参加反对袁世凯称帝复辟的起义。1917年，在四川参加反对段祺瑞卖国政府的护法战争。1922年9月，到德国勤工俭学，同年11月，经周恩来等人介绍加入了中国共产党，由于积极从事革命活动而被德国政府驱逐出境。1925年去苏联学习，1926年夏回国。1927年，他在南昌创办军官教育团。蒋介石叛变革命后，朱德同周恩来、贺龙等人组织领导了八一南昌起义，任起义军第九军副军长。1928年，率起义军余部举行了湘南起义，并建立了苏维埃政权。同年4月，率领起义部队上井冈山与毛泽东领导的秋收起义部队会师，任中国工农红军第四军军长。从1930年起，历任中国工农红军第一军团长、第一方面军总司令、红军总司令、中华苏维埃共和国临时中央政府军事委员会主席，和毛泽东、周恩来一起指挥红军进行艰苦的反"围剿"斗争，取得了重大胜利。在1931年中国共产党六届四中全会上，朱德当选为中央候补委员。从六届五中全会起，当选为历届中央委员、中央政治局委员。1934年10月，他参加了举世闻名的二万五千里长征。1935年1月，在长征途中的遵义会议上，他批判了"左"倾机会主义的军事路线，拥护和支持毛泽东在全党的领导地位。1937年，抗日战争爆发后，朱德任八路军总司令，组织和指挥八路军对日作战，创建和扩大抗日革命根据地，在解放区的各个战场大量杀伤日本侵略者的有生力量，为打败日寇迫使其无条件投降做出巨大贡献。解放战争时期，朱德任中国人民解放军总司令，并亲临华北前线指挥作战。1945年4月，在中国共产党第七次代表大会上，当选为中央书记处书记。1947年春天，他受党中央的委托，和刘少奇一起负责中央委员会工作。在同国民党反动派的战略决战阶段，他协助毛泽东一起发出向全国进军的命令，指挥人民解放军百万雄师渡过长江，为推翻蒋家王朝夺取全国解放建立了不朽功勋。

新中国成立后，朱德当选为中央人民政府副主席、中共中央军事委员会副主席，并兼任中央纪律检查委员会书记。1954年在第一届全国人民代表大会上，当选为中华人民共和国副主席，并被任命为国防委员会副主席。1955年被授予元帅军衔，为中国十大元帅之首。1958年，在党的八届一中全会上，当选为中央委员会副主席。在第2、3、4届全国人民代表大会上，都被选为常务委员会委员长。1973年8月，在党的十大上当选为中央政治局常委。长期以来，朱德始终保持艰苦朴素的作风，处处以党和人民的利益为重，为中国人民的解放事业、为社会主义革命和建设事业、为中国强大的国防事业，兢兢业业，努力工作，无私地奉献了自己毕生的精力，受到了全党全军和全国人民的衷心爱戴。1976年7月6日，朱德因病在北京逝世。

这套纪念邮票，深切表达了全国人民对他的缅怀之情。

邮票解析

图4-1【朱德委员长像】邮票画面为新中国成立后朱德的一幅标准画像，其颊丰额润，大眼浓眉，威武强劲，气宇不凡，反映出一位伟人的雄姿。能反映朱德元帅毕生革命生涯的著作，当首推美国进步作家艾格妮丝·史沫特莱于1950年写的《伟大的道路——朱德的生平和时代》一书。作为一位外国朋友，作者以其颇为生动、细腻和隽永的笔触，刻画了一位无产阶级革命家栩栩如生的形象。该书不仅记录了朱德60岁以前所走过的道路，也展现了中国新民主主义革命历史的一幅壮丽多

姿的画卷。书中选登了一些朱德在延安以及在抗日和解放战争时期的照片，在记载下这位革命领袖奋斗生涯的同时，无一不展现了朱德平凡而伟大的风貌，反映出他那杰出的人格和崇高的品质。

图4-2【毕生精力献革命】邮票画面为朱德以全国人大常委会委员长的身份，在1975年1月13日至17日召开的四届人大上，于北京人民大会堂致开幕词时的照片。经过"文化大革命"的内乱，四届人大是个转机，国家有了希望。因此，画面上的朱德，虽然已90岁高龄，但他依然身体硬朗，戴着老花眼镜神采奕奕地站在主席台前宣讲大会文件。

图4-3【为实现共产主义的伟大理想奋斗终生】邮票画面为晚年的朱德在中南海自己的办公室里认真看书学习的一幅照片。朱德戎马一生，绝大部分时间是在军旅中度过的，但他绝不是"一介武夫"，而是文韬武略兼具一身。他少年时代入私塾，青年时期到南充、成都求学，并去德国、苏联学习，都为他奠定了扎实的文化基础和功底。参加革命后，他结合实践，广学兵书战策，指挥千军万马，取得了举世公认的巨大胜利。特别是对马列主义，他更情有独钟，他说："我是生在封建社会的农村里，我曾看见资本主义在中国发展，我曾看见过封建社会的一切腐败和黑暗，我也曾到处碰壁，也曾经碰过头，也曾经找不到一条正确的道路。后来，经过了许多艰难困苦，我终于找到了一条道路，只有这一条道路，才能使中国走到真正的民主共和国，才能最后实现没有剥削、没有压迫的社会。这条道路就是马克思列宁主义的道路。"画面上，朱德一丝不苟，神情专注，依然在用马列主义武装自己，"老骥伏枥，志在千里"，表现了他将革命进行到底的坚定信念和意志。

图4-4【革命的老英雄】邮票画面为朱德1942年在延安乔儿沟的一幅照片。日寇于1941年7月，出动30万人进犯华北解放区，实行"三光"政策，以"清剿华北，准备大东亚战争"。但到1942年，在八路军和新四军的沉重打击下，使形势发生了重大变化，日军受到重创，损失巨大，无法抽调士兵去南太平洋攻打盟军。面对如此大好形势，朱德赋诗曰："北华收复赖群雄，猛士如云唱大风。自信挥戈能退日，河山依旧战旗红。"画面即为朱德在华北敌后指挥对日作战的雄姿。

向雷锋同志学习

3-1　　　　　　3-2　　　　　　3-3

（J26）

3-1 伟大的领袖和导师毛主席的光辉题词　　8分　　1500万枚

3-2 华国锋的题词　　　　　　　　　　　　8分　　1500万枚

3-3 雨露滋润禾苗壮　　　　　　　　　　　8分　　1500万枚

邮票规格：30 mm×40 mm

齿孔度数：11.5×11度

整张枚数：50枚

版　　别：影写版

设计者：孙传哲

印刷厂：北京邮票厂

全套面值：0.24元

知识百花园

　　雷锋（1940～1962），是中国人民解放军沈阳部队工程兵某部运输连班长，中国共产党党员，伟大的共产主义战士。生于湖南省长沙一个贫农家庭。其父母在日本帝国主义、国民党反动派和地主阶级的残害下相继惨死，哥哥和弟弟也被病魔夺去了生命，他7岁时便成了孤儿。在一次上山砍柴时，手背被地主婆连砍3刀，饱尝了旧社会的苦难。1949年8月，雷锋的家乡解放了，他受到党和人民政府的亲切关怀，在村里当上了儿童团团长。1950年夏，被送入小学读书，1956年高小毕业后，当过农业合作社的记工员、会计、乡人民政府通讯员和望城县委的公务员。1957年加入中国共产主义青年团，后来曾参加根治渭水工程、团山湖农场和鞍钢等建设。他干一行爱一行，干一行钻一行，在每个岗位上都表现积极，成绩优秀。在鞍钢，他连续3次被评为先进工作者，18次被评为标兵，5次被评为红旗手，出席过鞍山市社会主义建设积极分子代表大会。1960年，雷锋参加了中国人民解放军，被编入沈阳部队工程兵某部运输连当汽车驾驶员。他在入伍的第一天，就把黄继光的照片贴在新的日记本上，并写道："我要坚决做到头可断，血可流，在敌人面前决不屈服、投降，我一定要向董存瑞、黄继光、安业民等英雄的战士学习。"在部队里，他总是以顽强的意志苦练杀敌本领，积极学习毛泽东著作，努力改造世界观。他在日记里写道："我要牢牢记住这段名言：'对待同志要像春天般温暖，对待工作要像夏天一样的火热，对待个人主义要像秋风扫落叶一样，对待敌人要像严冬一样残酷无情。'"他爱憎分明，公而忘私，助人为乐，具有高尚的道德品质和艰苦朴素的优良作风。他说："我是人民的勤务员，自己辛苦点，多帮助人民做点好事，这就是我最大的快乐和幸福。"他默默无闻地为部队战士和人民群众做了大量好事，他把自己节省下来的钱，给大家买《毛泽东选集》，或是给灾区寄去，支援国家建设和帮助有困难的同志。他热心社会工作，担任了驻地附近小学的少先队辅导员，以共产主义思想教育少年儿童。他入伍不到3年，就荣立二等功一次、三等功两次，还被评为节约标兵和模范共青团员。1960年11月加入中国共产党，次年升任班长，出席过沈阳部队首届共青团代表会议，还被选为抚顺市人民代表。

认识邮票中的古今人物 ①

为了表彰雷锋的先进事迹，1961年，中国人民解放军工程兵政治部发出了关于学习雷锋的通报，但是他并没有因此而骄傲。他在日记中写道："人的生命是有限的，可是为人民服务是无限的，我要把有限的生命，投入到无限的'为人民服务'中去。"1962年8月15日，雷锋不幸因公殉职。他只活了22岁，但是他用自己生命的全部历史实践了自己伟大的誓言。为了纪念他，学习和发扬雷锋的精神和事迹，1963年1月7日，国防部批准授予沈阳部队工程兵某部雷锋生前所在的班为"雷锋班"。1月23日，共青团中央发布决定，追认雷锋为全国优秀少先队辅导员。3月5日，《人民日报》发表了毛主席亲笔题词"向雷锋同志学习"。随后，又发表了刘少奇、周恩来、朱德、邓小平的题词。刘少奇的题词是："学习雷锋同志平凡而伟大的共产主义精神。"周恩来的题词是："向雷锋同志学习憎爱分明的阶级立场，言行一致的革命精神，公而忘私的共产主义风格，奋不顾身的无产阶级斗志。"朱德的题词是："学习雷锋，做毛主席的好战士。"邓小平的题词是："谁愿当一个真正的共产主义者，就应该向雷锋同志的品德和风格学习。"为了寄托人民的缅怀之情，1964年，在辽宁抚顺市望花区雷锋生前所在部队驻地附近建成了"雷锋陵园"，雷锋的遗体即安葬在这里。陵园正面耸立着大理石纪念碑，上面镌刻着毛泽东"向雷锋同志学习"的题词。

自毛泽东发出"向雷锋同志学习"的伟大号召后，在全国很快便出现了学习雷锋的热潮，人人学雷锋，个个做好事，形成了社会风尚。在建设四个现代化强国的今天，雷锋的光辉事迹更应该成为教育青年一代的榜样。

为纪念毛泽东"向雷锋同志学习"题词发表15周年，邮电部发行了这套纪念邮票。

邮票解析

图3-1【伟大的领袖和导师毛主席的光辉题词】邮票画面为毛泽东"向雷锋同志学习"的题词手迹。1963年，在全国学习雷锋热潮中，《中国青年》杂志社决定出一期雷锋事迹专辑，并请中央领导为这期专号题词。周恩来和郭沫若的题词送来了，一切就绪，3月2日杂志将公开发行。但在3月1日这一天，中央办公厅通知《中国青年》编辑部，毛主席的题词"向雷锋同志学习"已于昨天写好了，请派人来取。这样，1963年3月2日出版的《中国青年》杂志首次将毛泽东这一题词手迹印在

插页上。现在，每年都以3月5日作为学习纪念雷锋活动日，是因为1963年3月5日《人民日报》发表了毛泽东的题词，但是，首次发表题词的日期是3月2日。

图3-2【华国锋的题词】邮票画面为华国锋的题词手迹，这时他已担任了中国共产党中央委员会主席，写道："向雷锋同志学习，把毛主席开创的无产阶级革命事业进行到底。"

图3-3【雨露滋润禾苗壮】邮票画面为雷锋在汽车驾驶室里认真学习《毛泽东选集》时的场面，是设计者根据一幅照片而绘制的。这幅照片是现在辽宁鞍山劳动教养院工作的张峻所拍摄。当年，张峻在沈阳军区工程兵政治部搞宣传报道工作，因而有较多的机会与雷锋接触。1960年12月17日，雷锋出车到抚顺市飘儿屯建设街小学工地，休息时间，他又拿出《毛泽东选集》学习。当时张峻找准角度，拍摄了这幅著名的雷锋在驾驶室方向盘前学习毛选的照片。该照片最早刊登在1961年1月的沈阳军区《前进报》上，后来又刊登在《解放军报》上。以后，在各种雷锋画册、挂图中几乎都采用过，这幅照片真实而深刻地表现了雷锋认真学习毛泽东著作的情景。

中国妇女的光辉榜样

发行日期：1978.3.8

（J27）

2-1　向警予烈士　　　8分　　　1500万枚

2-2　杨开慧烈士　　　8分　　　1500万枚

邮票规格：30 mm × 40 mm

齿孔度数：11.5 × 11度

整张枚数：50枚

版　　别：影写版

设计者：邹建军

印刷厂：北京邮票厂

全套面值：0.16元

向警予、杨开慧两位革命烈士，是中国妇女中的佼佼者，她们为了中国人民的革命事业，勇敢地献出了自己年轻的生命，她们堪称"中国妇女的光辉榜样"。

邮票解析

图2-1【向警予烈士】向警予于1895年7月16日生在湖南省溆浦县一个商人家庭。原名俊贤，后改名警予。1915年，从周南女校毕业，回乡创办了溆浦学校，倡导妇女解放。1918年，她参加了毛泽东组织和领导的新民学会。1919年五四运动中，她带领学生游行示威，发表演讲，为反日救国奔走呼号。同年12月，她同蔡和森、蔡畅等人赴法国勤工俭学，寻求救国救民真理，并成为旅欧共产主义小组成员。1921年11月回国，转年便加入中国共产党，成为中共早期的女党员之一，并参加了党的第二次全国代表大会，当选为中央委员，担任中央妇女部部长。曾为这次大会起草了《妇女运动决议案》，主编《妇女周报》。在党的三大、四大上，均当选为中央委员。1925年10月，赴苏联莫斯科东方大学学习。1927年3月回国，先后在武汉总工会、中共汉口市委宣传部和中共湖北省委工作，主编党的秘密刊物《长江》。1928年3月20日，由于叛徒告密，她在汉口法租界被捕，被引渡到国民党武汉卫戍司令部，1928年5月1日在武汉英勇就义，时年仅33岁。1939年，毛泽东在延安召开的纪念"三八"妇女节大会上说："要学习大革命时代牺牲了的模范妇女领袖共产党员向警予，她为妇女解放，为劳动大众解放，为共产主义事业奋斗了一生。"周恩来也曾动情地说："向警予是我党第一个女中央委员，第一位妇女部长，我们不要忘了她。"

图2-2【杨开慧烈士】杨开慧于1901年11月6日生在湖南省长沙县清泰都下的板仓一个教师家庭。其父亲杨昌济在长沙任教，1913年杨开慧随母亲从乡下迁居长沙。1918年，杨昌济到北平当教授，开慧又随父母去北平。1920年，杨昌济在北平去世，开慧随母又回到长沙，并入长沙湘福女中读书。在校期间，她在毛泽东组织的湖南学生联合会任宣传干事，并加入中国社会主义青年团，不久同毛泽东结婚。1921年，她加入中国共产党，在中央湘区委员会负责机要兼交通联络工作。1923年至1927年，她随同毛泽东在上海、广州、武汉、韶山等地开展工人运动、农民运动

和妇女运动。1927年，大革命失败后，杨开慧随同毛泽东搭乘货车赶到长沙，向湖南省委传达八七会议精神，准备秋收起义。不久，毛泽东匆匆告别杨开慧和3个幼小的孩子上了井冈山，杨开慧则留在板仓一带坚持地下斗争。1930年10月，因叛徒告密被捕入狱，受尽酷刑，要她声明与毛泽东脱离夫妻关系。杨开慧坚贞不屈地说："死不足惜，但愿润之革命早日成功。"11月24日，在长沙浏阳门外英勇就义，年仅29岁。毛泽东在井冈山上得知杨开慧壮烈牺牲的噩耗后，百感交聚，痛苦万分，立即写信给烈士家属："开慧之死，百身莫赎。"并寄去30块银圆，为开慧立了墓碑，表示深切的怀念。1957年5月11日，毛泽东又写了《蝶恋花·答李淑一》词："我失骄杨君失柳，杨柳轻扬直上重霄九。问讯吴刚何所有，吴刚捧出桂花酒。寂寞嫦娥舒广袖，万里长空且为忠魂舞。忽报人间曾伏虎，泪飞顿作倾盆雨。"词中以悲愤奔放的笔触，真挚而凝重的感情，抒发了对千百万革命烈士敬重的情怀，表达了作者对杨开慧的无限怀念。

从小锻炼为革命

发行日期：1978.6.1

5-1

5-2

5-3

5-4

5-5

（T21）

5-1 从小锻炼为革命　　20分　　1600万枚

5-2 小小足球传友谊　　8分　　1600万枚

5-3 大风大浪不可怕　　8分　　1600万枚

5-4 体操表演庆丰收　　8分　　1600万枚

5-5 万里征途攀高峰　　8分　　1600万枚

邮票规格：（5-1）52mm×31mm、（5-2至5-5）26mm×31mm

齿孔度数：11.5度

整张枚数：（5-1）40枚、（5-2至5-5）80枚

版　　别：影写版

设计者：卢天骄

印刷厂：北京邮票厂

全套面值：0.52元

知识百花园

　　一直以来，党和国家都非常关心少年儿童的健康成长，发展少年儿童的兴趣爱好，锻炼他们的体质，使亿万少年儿童长知识、长身体，茁壮成长。值此六一国际儿童节之日，邮政部门发行了这套《从小锻炼为革命》特种邮票。

邮票解析

　　图5-1【从小锻炼为革命】邮票画面为少年儿童正在认真做早操的情景。

　　图5-2【小小足球传友谊】邮票画面描绘了三位小朋友踏着绿地，争踢足球的场面。小球滚动，身体随之强健，技艺随之提高，友情随之倍增。

　　图5-3【大风大浪不可怕】邮票画面为两个小朋友兴高采烈地奔向大海去游泳的情景。

　　图5-4【体操表演庆丰收】邮票画面为两个小朋友在这金色的秋天里正认真进行体操表演的情景，以庆贺农作物的丰产。

　　图5-5【万里征途攀高峰】邮票画面描绘了三位小朋友不惧险峰，不避严寒，奋力向峰巅登攀的场面。表现了新中国少年儿童的志气和勇敢。

纪念爱因斯坦诞辰一百周年

1-1

（J36）

1-1 爱因斯坦像　8分　　1500万枚

邮票规格：30 mm×40 mm

齿孔度数：11.5×11度

整张枚数：50枚

版　别：影写版

设计者：李印清

印刷厂：北京邮票厂

全套面值：0.08元

阿尔伯特·爱因斯坦，1879年3月14日，生于德国南部符腾堡的乌尔姆市一个电器作坊的小业主家庭，犹太人。他是当代最伟大的物理学家，被称为"20世纪的牛顿"，列宁说他是自然科学的"大革新家"。爱因斯坦5岁上小学，10岁入慕尼黑的路提波德中学读书，善于独立思考，钻研问题。15岁时因父亲经营的小厂倒闭，全家迁往意大利的米兰，并放弃德国国籍去瑞士的日内瓦旅行。1896年，只有18岁的爱因斯坦，以无国籍的身份考取了瑞士苏黎世联邦工业大学师范系，主修数学和物理课程。1901年取得瑞士国籍。1902年在朋友的帮助下，受聘为伯尔尼瑞士专利局的试用三级技术员，这段时间，他坚持不懈地利用业余时间从事科学研究，奠定了他成为物理学巨匠的基础。1905年，他写出了第一篇论文《论动体的电动力学》，提出了相对性原理和光速不变原理，揭示了空间和时间对物质运动的依赖关系的具体形式，以及空间与时间联系的具体形式，创立了现代物理学的理论支柱之一——狭义相对论。他把这篇论文寄给了苏黎世联邦工业大学，并得到了发表，该大学授予爱因斯坦博士学位。1908年，爱因斯坦任苏黎世大学理论物理学副教授，1911年任布拉格大学理论物理学教授，1912年又回到母校苏黎世联邦工业大学任理论物理学教授。1913年德国物理学家普朗克和能斯脱来访，聘他为柏林威廉皇家物理研究所所长兼柏林大学教授，同时被聘为普鲁士科学院院士。1914年从苏黎世迁居柏林。1915年，他发表了总结性论著《广义相对论原理》。从1905年到1915年，爱因斯坦在自己最富有创造力的10年间，以大胆的革新精神，敏锐的观察力、理解力和高超的数学运算能力，经过百折不挠的艰苦努力，终于将狭义相对论推广，建立了广义相对论，进一步揭示了时间和空间的特性对物质的依赖关系，即取决于物质的质量的分布：质量愈大，分布愈密，重力场愈强，则空间"曲率"愈大，时间流逝愈慢。相对论变革了经典物理学中绝对时空观，刷新了人们对时间、空间的认识。这一理论上的根本突破，不仅开辟了物理学的新纪元，而且证实和丰富发展了辩证唯物主义的时空观。这个理论为英国皇家学会科学考察队于1919年5月29日，在几内亚湾普林比岛拍摄的日食照片和随后的计算所证实。爱因斯坦对量子论、分子运动论和宇宙学等都作出过卓越的贡献。1923年，他获得了1921年度的诺贝尔物理学奖。从此，他成为名扬世界、誉满全球的伟大物理学家。1933年遭希特勒法西斯分子迫害，被缺席判处死刑，遂由英国迁往美国，定居于普林斯顿，应聘为该地高等学术研究院教授，于1940年取得美国国籍。爱因斯坦不仅是一位杰出的科学家，而且还是一位热爱世界和平的战士。他曾对苏联的十月革命给予了很高的赞誉。1931年，中国发生了九一八事变，他多次呼吁制止日本对中国的侵略。1936年，中国的"七君子"事件，使全国各界爱国人士纷纷强烈抗议国民党反动政府的暴行，爱因斯坦得知后立即致电声援，表达了一位伟大科学家对中国和平事业的关心。1955年4月18日，爱因斯坦在美国的普林斯顿与世长辞，享年76岁。他临终前叮嘱家人："不要举行葬礼，不要设立坟墓，也不要建纪念碑。"直到今天，他的骨灰存放地，只有少数人知道。爱因斯坦的一生，在人类对于宇宙认识的贡献上是没有人可与之匹敌的，他是人类历史上的科学巨人。

为了纪念这位举世无双的伟大科学家，在他诞辰100周年之际，邮电部发行了这套纪念邮票。主图为爱因斯坦肖像，再现了这位科学巨匠的独特气质。同时，邮票画面展示了爱因斯坦创立的狭义相对论中，关于物体的质量m与能量E之间的关系，应满足关系式：$E=mc^2$（式中c为光速）。这个公式的含义是：物体的能量等于它的质量乘光速的平方。它的提出是物理学上的一次革命。以前认为物质不灭，也不能创造。但爱因斯坦的公式表明，物质可以转变为能量，能量也可以转变为物质。物质是由原子组成的，原子的质量又集中在原子核上。如果想办法打开原子核，它就会放出巨大的能量。能量的大小等于这个原子核损失的质量乘上光速的平方。原子核虽极小，但每秒30万千米的光速再平方，数字巨大。原子弹的理论基础可以说是源于爱因斯坦的这个公式。原子核只占原子体积的1000万亿分之一，用什么把它打开？1938年，科学家首先用中子打开了原子核。1940年，又发现在用中子分裂铀原子核时，除了产生更轻的新原子核外，还会分裂出新中子，这些新中子又会引起新原子核的分裂，形成了一系列的连锁反应。在这个过程中，质量不断损失，能量不断释放，巨大的原子能就这样产生出来了。1939年，当爱因斯坦知道德国人发现核裂变有可能研制核武器以后，便上书当时的美国总统罗斯福，请求美国政府注意，加速了美国研制核武器的曼哈顿计划的实施。1945年，美国终于在新墨西哥州阿拉莫戈多空军基地首次试验爆炸了第一颗原子弹。原子弹从理论到实践，从1905年到1945年，历时40年终于诞生了。但不久，美国就在日本的广岛、长崎先后投下了这种原子弹，对平民进行轰炸屠杀，这却是爱因斯坦所没有想到的。作为一位和平战士，他向全世界呼吁：不要把原子弹用于战争。

从小爱科学

发行日期：1979.10.3

(T41)

（T41 小型张）

6-1 航模 　8分 　　1200万枚

6-2 学医 　8分 　　1200万枚

6-3 天文 　8分 　　1200万枚

6-4 生物 　8分 　　1200万枚

6-5 气象 　8分 　　1200万枚

6-6 船模 　60分 　　120万枚

小型张 　从小爱科学 　2元 　　10万枚

邮票规格：26 mm×31 mm

小型张规格：140 mm×90 mm，其中邮票尺寸：90 mm×40 mm

齿孔度数：11.5度\11.5×11度（M）

整张枚数：80枚

版　　别：影写版

设计者：邹建军

印刷厂：北京邮票厂

全套面值：1.00元

小型张面值：2.00元

知识百花园

在1978年3月18日召开的全国科学大会上，邓小平指出："当前以及今后相当长的时间内，我们的主要任务，就是有系统地、有计划地进行社会主义现代化建设。这是我国历史上空前伟大的事业，是我国人民在半个多世纪以来梦寐以求的理想。为了完成这个事业，我们必须极大地提高整个中华民族的科学文化水平。"当时，青少年中出现了热爱科学、学习科学的新风尚。一个向科学技术现代化进军的热潮正在全国迅猛兴起。因此，邮电部发行了这套《从小爱科学》特种邮票。

邮票解析

图6-1【航模】邮票画面为少先队员利用无线电遥控进行模型飞机放飞的情景。

图6-2【学医】邮票画面为两位少先队员正在分别目测和用显微镜观察病体标本，掌握医疗本领的情景。

图6-3【天文】邮票画面为三位少先队员正在通过天文望远镜进行天体观测的情景。

图6-4【生物】邮票画面为一位少先队员正张网追捕蝴蝶为生物小组提供标本的情景。

图6-5【气象】邮票画面为一位少先队员正在百叶箱前记录气象数据的情景。

图6-6【船模】邮票画面为两位少先队员正在把自己精心制成的一艘军舰模型放入荷塘进行试航。

小型张【从小爱科学】邮票图案用茫茫宇宙及浩瀚的海洋为背景，画面中一位少先队员，两手托腮，双目炯炯有神，沉浸在神奇美妙的科学幻想中。她要乘坐航天飞机，遨游太空，探索太阳系，揭开天宇的奥秘；她要潜入大海，游览龙宫，探索无边无际的大海的神秘；她展开册页，手握画笔，正在构思、设计心中理想的世界。小型张边饰以天蓝色象征着辽阔的海洋，海草在生长，燕鱼在浮游，寓意新中国少年儿童在科学之途上"海阔凭鱼跃，天高任鸟飞"的崇高意境。

约·维·斯大林诞生一百周年

发行日期：1979.12.21

（J49）

2-1　斯大林像　　　　8分　　　750万枚

2-2　伟大的贡献　　　8分　　　750万枚

邮票规格：（2-1）30 mm×40 mm、（2-2）40 mm×30 mm

齿孔度数：（2-1）11.5×11度、（2-2）11×11.5度

整张枚数：50枚

版　别：雕刻版

设计者：任宇

雕刻者：孙鸿年、高品璋

印刷厂：北京邮票厂

全套面值：0.16元

约瑟夫·维萨里昂诺维奇·斯大林于1953年3月5日病逝，享年73岁。在他逝世一周年后，我国邮电部曾于1954年10月15日发行了纪27《约·维·斯大林逝世一周年纪念》邮票1套3枚，分别描绘了他在卫国战争和战后经济建设时期的形象。为纪念斯大林诞生100周年，再次发行纪念邮票，表达中国党和政府以及中国人民对他的肯定和赞颂。

图2-1【斯大林像】在第二次世界大战中，斯大林因领导苏联人民和红军战士英勇地抗击了德国法西斯的猖狂进攻，保卫了国家的独立和领土的完整，建立了卓越的功勋，于1945年6月26日荣获"苏联英雄"的称号，被授予了"列宁勋章"和"金星勋章"。次日，苏联最高苏维埃主席团授予斯大林以苏联大元帅的最高军衔。邮票画面上即为斯大林大元帅身着戎装的英姿。

图2-2【伟大的贡献】1941年6月22日，希特勒德国法西斯撕毁苏德互不侵犯协定，以170个师团的庞大兵力，突然越过苏联国界，向这个苏维埃国家发动了袭击。当时，由于对形势估计不足，苏联军队缺乏调动和部署，苏联国内缺乏组织和动员，而希特勒的机械化部队来势汹汹，短短10天之内，就占领了立陶宛全境、拉脱维亚大部地区、别洛露西亚西部以及乌克兰的部分领土。在这民族危亡，国难当头的关键时刻，为了迅速动员全体苏联军民同仇敌忾抗击敌人的侵略，1941年6月30日，苏联最高苏维埃主席团、联共（布）中央委员会和苏联人民委员会通过决议成立了国防委员会，把国家的一切权力全部交给该委员会主持，确立了战时体制，斯大林被任命为国防委员会主席。7月3日，在德寇入侵后12天，斯大林向全体苏联人民、士兵和军官发表了广播演说。邮票画面即为斯大林向全国发表讲话的情景。

诺尔曼·白求恩逝世四十周年

发行日期：1979.11.12

（J50）

2-1 永垂不朽　　70分　　150万枚

2-2 鞠躬尽瘁　　8分　　750万枚

邮票规格：30 mm×40 mm

齿孔度数：11.5×11度

整张枚数：50枚

版　　别：影写版

设计者：任宇

印刷厂：北京邮票厂

全套面值：0.78元

为了纪念白求恩这位伟大的国际主义战士，1960年11月20日，邮电部发行了纪84《诺尔曼·白求恩》邮票1套2枚，描绘了白求恩的崇高形象和他在战场上救治中国伤员的情景。为纪念白求恩逝世40周年，邮电部再次发行了这套邮票，内容与第一次大致相同。

图2-1【永垂不朽】白求恩于1939年11月12日，因救治伤员划破手指而中毒，逝世于河北省完县（今唐县）。新中国成立后，为纪念他献身于中国人民解放事业的忠魂，党和政府拨专款在河北省省会石家庄市修建了烈士陵园。1952年春天，白求恩的灵柩从唐县迁入石家庄烈士陵园，并在他的墓前塑有一座高大的全身像，建立了白求恩纪念展览馆，让全中国人民永远缅怀和学习他的业绩和精神。邮票画面即为耸立墓前的白求恩全身塑像，系中央美术学院雕塑系司徒杰教授所创作。环绕着的挺拔的松柏，表现了其伟大的人格和情操。

图2-2【鞠躬尽瘁】1939年10月，日寇以2万多兵力，在飞机、坦克的配合下，向晋察冀边区发动了猖狂的冬季"扫荡"。10月27日，白求恩同医疗队一起，冒着风雪严寒到达了离摩天岭火线只有3.5千米的孙家庄，并在村头一座破庙里设立了手术站。10月28日下午，在村前枪声大作，手术室里飘进了浓烈的硝烟的情况下，白求恩依然镇定如常，坚持给最后一个伤员进行手术，几发炮弹落在小庙周围，白求恩的手随着手术台而抖动，不幸的是就在这一次，他左手中指被伤员的碎骨所划破，因细菌感染而患败血症，从而导致了他的逝世。邮票画面即为白求恩在炮火纷飞中仍然镇静地抢救伤员的情景，表现了他那鞠躯尽瘁、死而后已的高尚人生和大无畏的献身精神。

鉴真大师像回国巡展

发行日期：1980.4.13

3-1

3-2

3-3

（J55）

3-1 扬州鉴真纪念堂　　8分　　1500万枚

3-2 鉴真大师像　　　　8分　　1500万枚

3-3 鉴真东渡船　　　　60分　　100万枚

邮票规格：（3-1、3-3）40 mm×30 mm、（3-2）30 mm×40 mm

齿孔度数：（3-1、3-3）11×11.5度、（3-2）11.5×11度

整张枚数：50枚

版　别：影写版

设计者：孙传哲

印刷厂：北京邮票厂

全套面值：0.76元

知识百花园

"鉴真盲目航东海，一片精诚照太清。舍己为人传道艺，唐风洋溢奈良城。"这是郭沫若为纪念鉴真而作的一首七言诗。1200多年前，唐朝高僧鉴真以66岁的高龄，在双目失明的情况下，经过12年的努力，6次东渡，5次失败，终于到达日本都城奈良。他在日本传法、传艺，最后长眠在日本的土地上。人们将永远纪念他为中日友谊而献身的崇高精神。

鉴真为交流中日文化，发展中日友谊的业绩永垂史册，一直受到两国人民的崇敬。1980年4月13日，日本唐招提寺第81代和尚森本孝顺长老亲自护送鉴真大师塑像回到中国扬州"探亲"。为纪念这一盛事，邮电部发行了这套邮票，以再现中日文化交流史上的这件大事。

邮票解析

图3-1【扬州鉴真纪念堂】在扬州古大明寺内的鉴真纪念堂，于1973年建成。原先准备复制一座招提寺，但由于山势的局限，纪念堂就缩减为面阔5间、进深3间。在外形和细部处理上，如宽阔的敞廊、宏大的斗拱、深远的出檐、屋脊的鸱尾等都仿照唐招提寺，因此又有"小招提寺"之称。所不同的是唐招提寺左右没有毗邻的廊屋，而纪念堂为了再现唐代佛寺的气氛，在两侧围以步廊与前面的碑亭相连，构成庭院，植以竹木，更显清幽。整个堂院占地2540平方米。中间碑亭内立高2.06米、宽3米的横式纪念碑，正面刻郭沫若书题"唐大和尚鉴真纪念碑"，背面为鉴真和尚逝世1200周年纪念委员会主任委员赵朴初撰书的碑文，记述并褒颂了鉴

真大师一生的精神和业绩。后面殿堂，内正中为鉴真楠木雕像，东西两侧壁上为鉴真东渡事迹的绢饰画。在院中甬道上有一座石灯笼，四周栽有350株樱花树。邮票画面即为扬州鉴真纪念堂外景。

图3-2【鉴真大师像】公元763年春塑造的这尊干漆坐像，高2.7尺，与真身一般大小，重12千克。至今安放在日本唐招提寺开山堂，并被定为日本的"国宝"。为纪念这次鉴真大师像回国巡展，赵朴初于1980年春节特赋词一首《调寄鹧鸪天》："奋人狂涛不顾身，终携明月耀天平；千秋德范存遗像，万里香花结胜因。今古事，去来心，海潮往复两邦情。故乡无数新新叶，待与离人拭泪痕。"邮票画面即为回国巡展的鉴真大师干漆坐像。

图3-3【鉴真东渡船】鉴真东渡，漂洋过海，历尽惊涛骇浪，备受磨难，在中国古代航海活动中，堪称壮举。其实，我国早在2000多年前的秦汉，造船业就已经相当发达了。当时的造船中心有长安、苏州、福州和广州等数十处之多，能制造多种船舶。中国古船不仅种类多、体积大，而且还有结构坚固、载量多、航运快、安全可靠等许多优点，在国际上享有很高的声誉。从7世纪以后，中国远洋船队就日益频繁地出现在万顷波涛的大洋上，外国商人往来于东南亚和印度洋一带，都乐于乘坐中国大海船。此外，我国在造船技术、船体结构及动力方面还有许多独创，我国在唐代已经发明并广泛使用了桨轮船，这种船也叫明轮船，为提高船速，把桨楫间歇推进改为桨轮连续运转，从而大大提高了航行速度。西方桨轮船出现比我国要晚七八百年。邮票画面即为鉴真一行第六次东渡时乘坐的木船。

扬州鉴真纪念堂

弗·伊·列宁诞辰
一百一十周年

发行日期：1980.4.22

（J57）

1-1 列宁像　　8分　　500万枚

邮票规格：30 mm×40 mm

齿孔度数：11.5×11度

整张枚数：50枚

版　别：影雕版

设计者：李印清

雕刻者：高品璋

印刷厂：北京邮票厂

全套面值：0.08元

　　1935年，莫斯科广播电台曾问它的外国听众，在他们看来谁是历史上最伟大的人物？结果是全世界成千上万的劳动人民都举出了列宁的名字。列宁活在全世界劳动者的心里，也活在中国人民的心中。

　　新中国成立以来，邮电部曾多次发行有关列宁的邮票。并且在伟大的十月社会主义革命35周年、40周年、45周年时，在分别发行的纪20（4-2）、纪44（5-4）、纪95（2-1）中，也均带有列宁头像。还有，在纪67中华人民共和国成立10周年（第一组）（3-2）、纪104全世界无产者联合起来（2-1）、纪113第三次社会主义国家邮电部长会议（1-1）中，也分别描绘了列宁的形象。为纪念列宁诞辰110周年，邮电部再次发行纪念列宁的邮票。主图为一幅庄重而深沉的列宁画像，是苏联艺术大师安德烈夫所创作，表现了列宁的睿智、铁的意志、果敢以及革命的战斗性格。

中国古代科学家（第三组）

发行日期：1980.11.20

（J58）

4-1 徐光启（明代科学家）　　　　　8分　　1000万枚

4-2 李冰（战国水利家）　　　　　　8分　　1000万枚

4-3 贾思勰（东魏农学家）　　　　　8分　　1000万枚

4-4 黄道婆（元代纺织技术家）　　　60分　100万枚

邮票规格：30 mm×40 mm

齿孔度数：11.5×11度

整张枚数：50枚

版　　别：影雕版

设计者：邓锡清

雕刻者：孙鸿年、阎炳武、李庆发、高品璋

印刷厂：北京邮票厂

全套面值：0.84元

知识百花园

邮电部自1955年8月25日始，发行了《中国古代科学家》系列邮票，1962年12月1日又发行了第二组，这套邮票为该系列的第三组，依据我国著名画家范曾的原作进行设计。

邮票解析

图4-1【徐光启】明代晚期科学家。字子先、号玄扈，公元1562年4月24日生于上海徐家汇一个小商人家庭。他幼年时期家中已陷入贫困，长大后只好边学习，边随父亲参加农田劳动。1597年，他以第一名考中举人。1600年，徐光启在南京结识了西洋传教士利玛窦，向他学习天文、历算、水利、测量、火器等方面的科学知识。1604年，又考中进士，做了万历朝翰林院的庶吉士，继续钻研诸种西方科学技术。1606年，徐光启同利玛窦合译了《几何原本》前6卷和《勾股义》，协助熊三拔翻译了《泰西水法》诸书，他是把欧洲自然科学介绍到中国来的第一人，也是中国近代科学的先驱者。同时，他还把西方的科学用来研究中国原有的科学，建议明廷铸造西洋大炮，以抗击满洲部族的内侵；建议聘请西洋人修订历法，这些意见

均被采纳。1607年，他在翰林院学习期满后，历任赞善、侍郎、尚书、东阁大学士等职，他为政廉洁，不去逢迎，反对保守，主张革新，于1625年被排挤丢官。从此，他潜心编著《农政全书》，历时4年，完成了我国古代农业科学的一部巨著。在他逝世后6年，由陈子龙等整理修改后于崇祯十二年（1639）刊行。全书60卷，50多万字，分农本、田制、农事（包括营治、开垦、授时、占候）、水利、农器、树艺（谷类及蔬果各论）、蚕桑、蚕桑广类（棉、麻、葛）、种植（竹木及药用植物）、牧养、制造、荒政等12门。其中水利和荒政所占篇幅较多。书中大量辑录了古代和当时的文献，也随时提出自己的心得和见解，是一本名副其实的农业百科全书。1629年，徐光启又奉诏监修新历，他遵循着"欲求超胜，必须会通"的原则，努力使新历融汇中西历法之精华，并定名为《崇祯历书》。不幸的是，此书尚未完成，他便于1633年11月8日病逝了，终年72岁。但是，《崇祯历书》却为以后编修《时宪历》奠定了基础，并在清朝被采用。

图4-2【李冰】战国时期水利专家。公元前3世纪人，其确切家庭出身、生卒年份均不可考。约公元前256年至前251年间被秦昭王任命为蜀郡守。在他任职期间，纵贯蜀郡的岷江经常泛滥成灾，为治理水患，造福百姓，李冰同他的儿子和一些有治水经验的人，一起对岷江水情及沿岸地势进行了全面考察，制定了切实可行的治理方案。在李冰的精心设计和指挥下，他们凿开了岷江上游的玉垒山，修筑了分水堰，彻底变水害为水利，解决了为患多年的岷江水灾问题。李冰把修筑的大堰取名"都安堰"，后改称"都江堰"。为了长久发挥江堰的作用，李冰又制定了科学的岁修方法，提出了"深淘滩，低作堰"的调节水流原则，并在沿江石壁上刻着观测水位的标尺，人们称之为"水则"，便于随时掌握水情变化。从而使成都平原"旱则引水浸润，雨则杜塞水门"，灌溉沿岸14个县的300多万亩土地，保证了蜀郡地区的农业稳定发展。都江堰水利工程在中国古代水利工程中名列榜首，在世界水利技术史上也占有重要位置。除此之外，李冰还主持了凿平青衣江的溷崖、治守洛水和汶井江、穿凿广都盐井等工程，并组织人力在今川滇交界的宜宾一带，开凿栈道，修通了通往滇东北的驿路。《战国策·秦策》记载："有千里栈道，通于蜀汉。"至今，四川成为"天府之国"，李冰功勋卓著，他被后世尊奉为"川祖"。

图4-3【贾思勰】北魏时期农业科学家。公元6世纪山东益都县人，其确切生卒年份已不可考。曾任高阳郡（今山东淄博市临淄）太守，后回家务农，积累了丰

富的农作经验。他也到过河南、河北、山西等地，了解各地一些农业方面的特点。在公元533年至544年之间，他将多年积累掌握的农牧科学知识，认真加以归纳总结，在前人研究成果的基础上写成了《齐民要术》一书。这是我国及世界上被完整地保存下来的最早的一部农书。该书记载了我国当时以及更早年代里，黄河流域农业生产情况和古代劳动人民同大自然进行斗争所积累的农业科学知识，对我国及世界上农业科学生产技术产生过深远的影响。《齐民要术》正文10卷，92篇，近12万字，其中引用和参考书目达150多种，采用的歌谣和民谚有30多条。它的序言概括了作者的政治主张、思想倾向和从事农业科学研究的指导思想。在内容上极为丰富，几乎与农业有关的事情均有较详细的记述，包括谷类、饲料、纤维、油料、染料、香料、绿肥等大田作物、水生植物、蔬菜瓜果、林木、园艺，以及养猪、养鸡、养鱼和酿造（制酱、造醋、酿酒）、食品加工等等，还有其他一些与农业有关的产业及手工业等内容，都进行了认真地总结和评述。该书首先强调了农业生产的重要性，认为农业是关系国计民生之大事，它在农学方面的成就，一是深刻地阐明了我国古代因时制宜、因地制宜的制作农业的思想，指出"顺天时，量地利，则用力少而成功多，任情返性，劳而无获"；二是对绿肥轮作制进行了研究和总结，肯定了绿肥在提高土壤肥力方面的作用；三是对品种及良种选育方法作了详细论述，总结出一套科学的良种繁育及选择制度；四是对耕锄和保墒关系作了详细研究，总结出秋季耕田、中耕除草等防旱保墒、抢墒播种等经验。《齐民要术》内容庞博，资料完整，有许多项目比世界其他各国的记载要早三四百年，甚至1000多年，它是中国古代劳动人民智慧的结晶，是我国农业科学史上的重要典籍，也是人类文明史上的珍贵遗产。

　　图4-4【黄道婆】元代纺织技术革新家。公元13世纪中叶出生在松江府乌泥镇（今属上海），其确切生卒年份已不可考。因家贫，在十二三岁时被卖当童养媳。因不堪封建礼教的迫害和虐待，只身搭船辗转流落到崖州（今海南省黎族苗族自治州崖县）。当时，那里是重要的产棉地区，她克服了语言和生活习俗的障碍，不仅住了下来，而且学会了黎族精湛的纺织技术。约公元1295年，她回到久别的故乡，看到松江一带的轧棉方法（手剥棉花籽，用线弦小弓弹棉花）劳动强度大，效率低，于是她便把从崖州学到的技术加以改进，用一根小直径的铁轴配合一根大直径的木轴，将子棉塞进两轴空隙间，两轴辗轧时棉子便挤轧出来，从而提高了轧棉

效率。原来的弹棉工具也很落后，弓身短，线弦弹力小，黄道婆采用4尺多长的大弓，用绳子作弦线。这样，弓身长，弹力大，不仅提高了效率，也提高了弹棉质量，棉花弹得又匀又细。这两项革新成功之后，她又将原来只能用一个纺锭的手摇式纺车改革成脚踏式的纺车，手脚并用，双手能同时工作。她还改用3只纺锭，一次可纺3根纱，工效提高了数倍。这种纺车的出现，在当时是一项重大发明，成为纺织技术史上一项重要突破。黄道婆还总结了海南岛黎族人民织崖被的工艺和方法，将丝织技术用于棉织，做到"错纱配色""综线挈花"，在被单、褥单上织出了折枝、团凤、棋局、花卉等图案，织品色泽鲜艳，异常精美，被誉为"松郡棉布，衣被天下"之美名。黄道婆去世后，当地人民为纪念她，在乌泥镇修建了祠堂，名为"先棉祠"。新中国成立后，为表彰和纪念这位中国古代杰出的女性，曾于1956年和1981年先后两次重修了她的墓地，让人们永远怀念她。

黄道婆纪念馆